はじめまして

韓国カフェスイーツ

CAFE SWEETS

福本美樹

はじめに

15年ほど前、ロサンゼルスのコリアタウンにあるベーカリーでケーキ担当として働いていました。

当時、お店で出していた韓国風のケーキは地味で素朴なものが多く、欧米や日本のケーキからは何歩も遅れている…というのが正直な印象でした。ただ、韓国人の同僚たちはみな、口金を使った絞りや生クリームのデコレーションをとても美しく仕上げていて、その完成度の高さに見惚れたのをよく覚えています。

それから10年が過ぎたころ、韓国を訪れてその進化に目を見張りました。カフェやベーカリーには本物のお花と見まがうようなリアルで美しいフラワーケーキ、とても大きくてクリームたっぷりのマカロン、タワーのようなパフェ、レインボーカラーのソフトクリームなど…ボリューム満点、迫力があってカラフルで、なにより発想がとても面白いスイーツたちがところ狭しと並んでいるではありませんか。どれもみな、細部まで手を抜かない美しいデコレーションが際立っていて、あらためて韓国の人たちの手先の器用さや、ルールにとらわれない発想の豊かさに感心しきりでした。

加えて今、SNSで目にするはやりのスイーツは、タルゴナコーヒーや雲パン、ペイントケーキなど韓国発のものが多く、ますます韓国スイーツから目が離せなくなっています。

これらの個性豊かで魅力的なスイーツたちを旅行のときだけ楽しむのではなく、家でも再現できたらどんなに楽しいでしょう…これがこの本を作るきっかけになりました。

そして集まった制作メンバーは、韓国好きばかり。みんなでアイデアを出し合い、とにかくかわいく、楽しくなる本をめざしてできたのが、この1冊です。ジャンルは多岐にわたり、スポンジケーキやカップケーキなど、基本のお菓子作りもマスターできる内容になっています。

この本を手に取っていただき、おうち時間が少しでも楽しく明るいものになりますことを心から願っています。

福本美樹

CONTENTS

PART3
DECORATIVE デコラティブ定番スイーツ

PART4
COOL ひんやりスイーツ

PART5
DRINK ドリンク

この本の使い方

・小さじ1は5mℓ、大さじ1は15mℓ、1カップは200mℓです。
・オーブンの温度や焼き時間は目安です。機種によって異なりますので、焼き色やふくらみ方など、様子を見ながら調節してください。
・電子レンジの加熱時間は600Wのものを使用した場合で表記しています。500Wの場合は1.2倍の時間で加熱してください。

材料について

この本のお菓子を作るにあたり、材料を選ぶコツやルール、知っておきたいことなどをお伝えします。味も見た目も格段に「おいしく・かわいく」なりますよ。

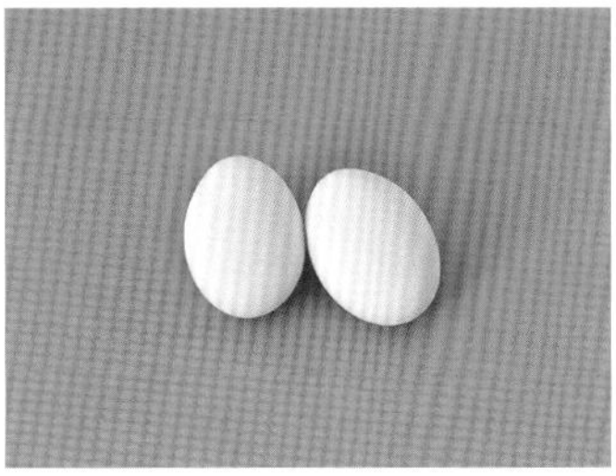

卵

この本では、Mサイズ(1個約60g)を使用。卵白1個分は35g、卵黄1個分は20gと表記していますが、使う際は必ず計量してください

バター

お菓子作りでは、わずかな塩分でもでき上がりや味が大きく変わってきます。とくに記載のない場合、食塩不使用(無塩)のバターを使います

生クリーム(動物性)

脂肪分が高くなるほど、コクのある味わいに。この本では脂肪分42%のものを使っていますが、好みで35%や47%、またはこれらをブレンドしても

薄力粉

スポンジケーキにはとくに、ふんわり、きめ細かく仕上がる日清「バイオレット」がおすすめ。なお、打ち粉にはサラサラとした強力粉が使いやすいです

砂糖

とくに記載のない場合、「上白糖」を使います。お菓子によって、上品な味わいのグラニュー糖や、溶けやすい粉砂糖(粉糖)を使い分けます

ベーキングパウダー

加熱により炭酸ガスが発生し、生地をふくらませる働きが。この本では、アルミフリーの「ラム フォード ベーキングパウダー」を使っています

フルーツ缶詰

季節を問わず、いつでも大好きなフルーツが楽しめます。サンヨー堂の缶詰は、味はもちろん、缶のデザインもかわいくて昔からのお気に入り

洋酒

香りや風味づけに最適。ベリー類にはキルシュ、チョコレートやココアにはラム、かんきつ類にはコアントローと、相性に応じて使い分けます

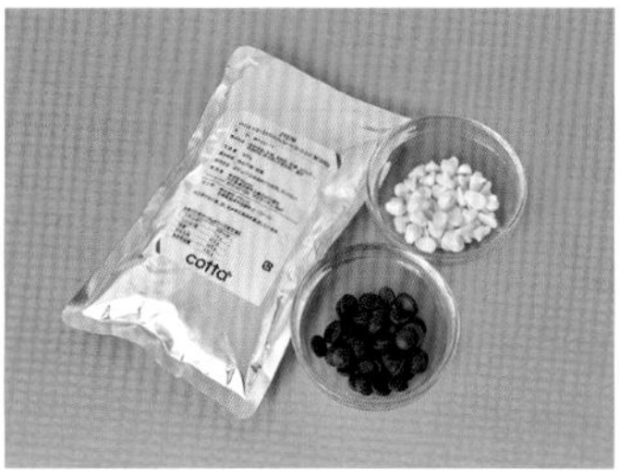

コーティング用チョコレート

テンパリング(温度調節作業)が不要で、手軽に使えるのが魅力。この本ではcottaの「ルセーラ」シリーズ(上からホワイト、スイート)を使っています

色づけと飾りについて

この本では、生地やクリームへの着色は、ミントシロップを除いて天然由来の成分で作られた製品を使用しています。自然のものだけに、賞味期限が短い、加熱による退色など少々扱いづらい部分もありますが、淡くやわらかな色合いと、やさしい風味をぜひ楽しんでください。

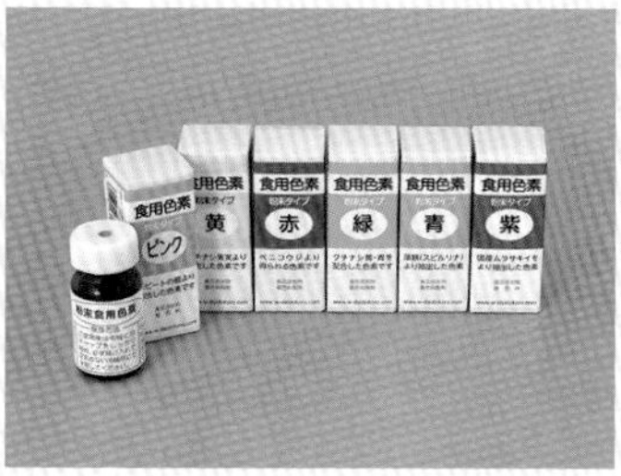

食用色素

今回使用した「私の台所」の色素は、ピンクは赤ビートの根、黄色と緑はクチナシ、赤はベニコウジ、青は海藻（スピルリナ）、紫はムラサキイモなど、天然素材から抽出しています。色素同士を混ぜて色を作ることも可能。保存は必ず冷暗所で

フルーツパウダー

美しい色に加え、果実そのものの味と風味をプラスできます。無添加で安心な「KUKKU」のパウダーは、写真以外にも使ってみたいフレーバーがいっぱい。右上から時計回りにストロベリー、フランボワーズ（ラズベリー）、アルフォンソマンゴー、ブルーベリー

ミントシロップ

この本では、利便性の高い市販品（フランスのモナン製）を使っていますが、もちろん手作りしても。フレッシュミント1カップと、水、砂糖各1カップ（溶かして砂糖水にする）をミキサーにかけ、しばらくおいてからこします。冷蔵庫で1週間程度保存可

アラザンとシュガースプリンクル

キラキラとした輝きを放つアラザンや、カラフルなシュガースプリンクルはデコレーションに大活躍。どちらも、ほぼ砂糖でできています

市販品の合成着色料が気になる場合は、天然色素で色づけしたアイシング（p.63参照）を細く絞り出し、乾かして砕いたもので代用できます

道具について

基本のアイテムに加え、お菓子作りの作業を効率よくスムーズに、そして仕上がりもよくしてくれる、“あると便利な” グッズをご紹介します。

基本のアイテム

- 泡立て器
- ハンドミキサー
- 計量スプーン・カップ
- ボウル
- ゴムべら(耐熱)
- 絞り袋、口金
- はけ
- バット
- オーブンシート
- 天板　など

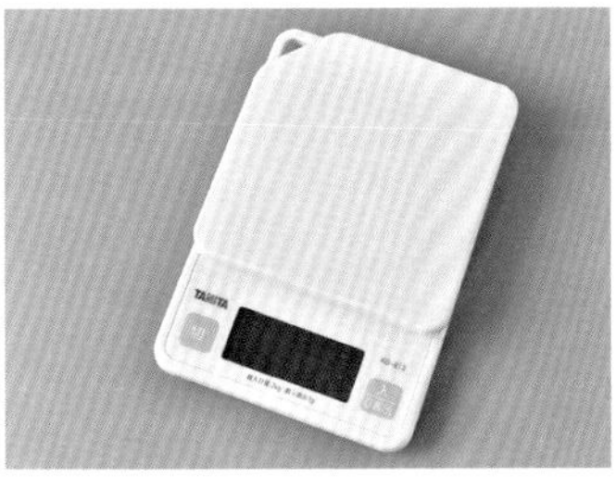

キッチンスケール

お菓子作りの最大のコツは、正確な計量。目分量ではなく、必ず計量しましょう。1g単位で量れるデジタル式のものが扱いやすくおすすめです

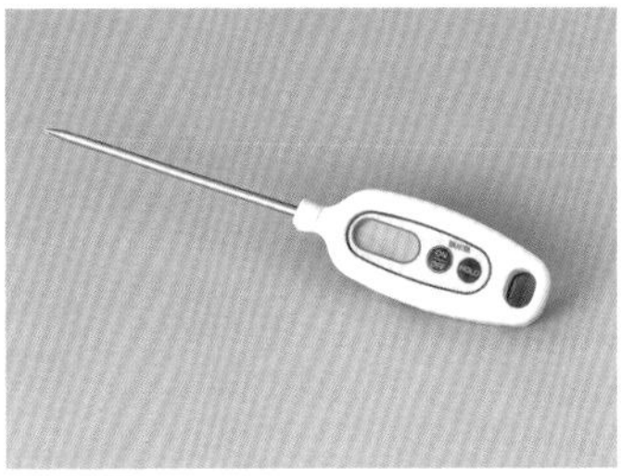

温度計

計量と同じく、細やかな温度設定も重要。写真は棒状の部分を差し入れて中心の温度を測るタイプですが、素材に触れずに測れる赤外線タイプもあります

アイスクリームディッシャー

生地やクリームを等分にすくう、型に落とすときなどに重宝。計量スプーン代わりにもなります。丈夫でさびにくいステンレス製のものがおすすめ

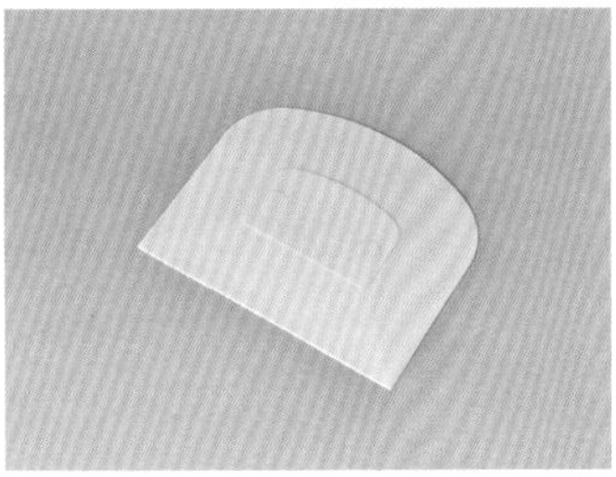

カード（スケッパー）

ボウルについた生地を残さずすくい取ったり、生地を分割したり、表面をなめらかにしたりと、用途はさまざま。私はプラスチック製を愛用しています

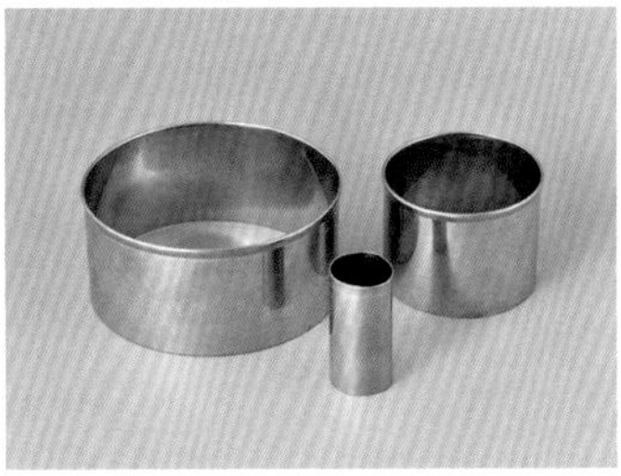

セルクル

底のない円形の型のことで、生地を流し込んで固めたり、くりぬいたりするのに使います。なければ、手作り（p.53参照）してもOK

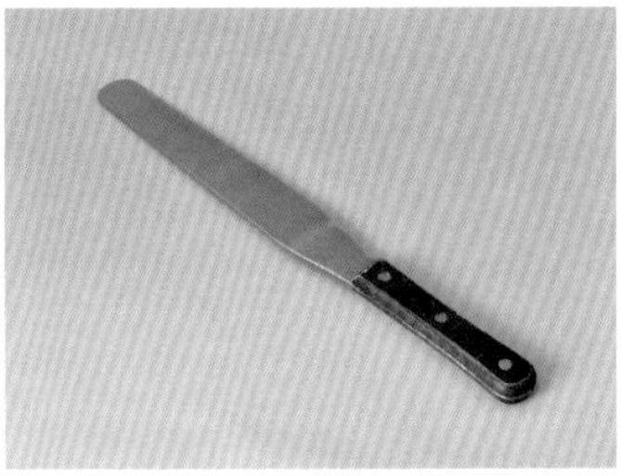

パレットナイフ

クリームを塗ったり、生地を平らにならしたりするのに使います。スポンジケーキの全面にクリームを塗る「ナッペ」には欠かせない道具です

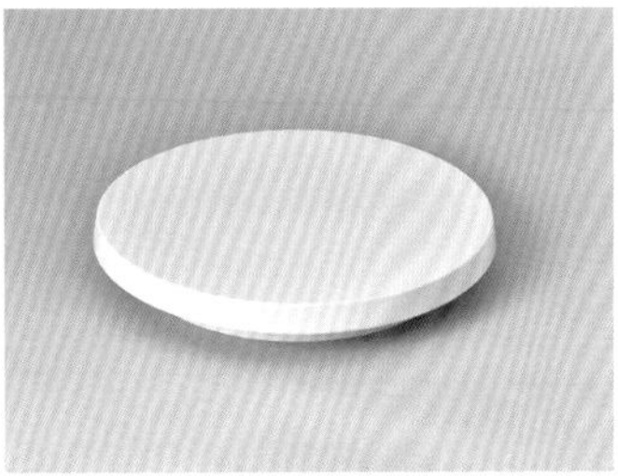

回転台（ターンテーブル）

ホールケーキを美しくナッペ＆デコレーションでき、そのまま保存台としても使用可。プラスチック製なら1000円前後で手に入ります

コルネ

アイシングで細い線を描くなど、細かい絞りに活躍するコルネ。ラッピング用の透明フィルムやOPPシートで簡単に作れます

三角形に切ったシートを円錐状に丸め、巻き終わりをテープで留める。クリームを詰めたら上部をたたんでテープで留め、先端を切り落とす

PART1

MERINGUE

メレンゲのお菓子

卵白をモコモコ泡立てていく作業も
楽しいメレンゲのお菓子。
サクッ、シュワッ、ふわっと、ひと口で
あれこれ味わえる食感もおいしさの理由です。

基本のモレンクッキー

メレンゲクッキー　難易度 ★⯪☆

韓国語でメレンゲを意味する「モレン」のクッキーは、色も形も無限のバリエーションが可能で、「3Dアート菓子」とも称されています。余った卵白で気軽に作れ、小麦粉を使わない「グルテンフリースイーツ」としても注目されています。乾燥に気をつければ日持ちもするので（1か月程度可）、プレゼントにもピッタリです。

材料　作りやすい分量

卵白 … 1個分（35g）
グラニュー糖 … 35g
A 粉砂糖 … 35g
└ コーンスターチ … 5g

下準備

1　天板にオーブンシートを敷く
2　オーブンは100度に予熱する
3　ボウルは乾いた布や紙で水分をしっかり拭き取る（水分や油分が残っていると泡立ちが悪くなるので注意）
4　卵白は泡立てる直前まで冷蔵庫で冷やしておく（卵黄が少しでも入っていると泡立ちが悪くなる）
5　絞り袋に使用する口金をセットする（a）
6　Aは合わせてふるう

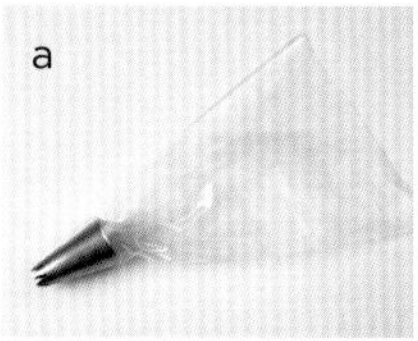

作り方

ボウルに卵白を入れ、ハンドミキサーの高速で泡立てる。

白くもったりしてきたらグラニュー糖を2〜3回に分けて加え、その都度よく泡立てる。

つやが出て角がピンと立つまで泡立てる（ボウルを逆さまにしても落ちてこない状態が目安）。

Aを一気に加え、ゴムべらで粉っぽさがなくなるまで切るように混ぜる（色や味をつける場合は、ここで色素やパウダーを加える）。

5

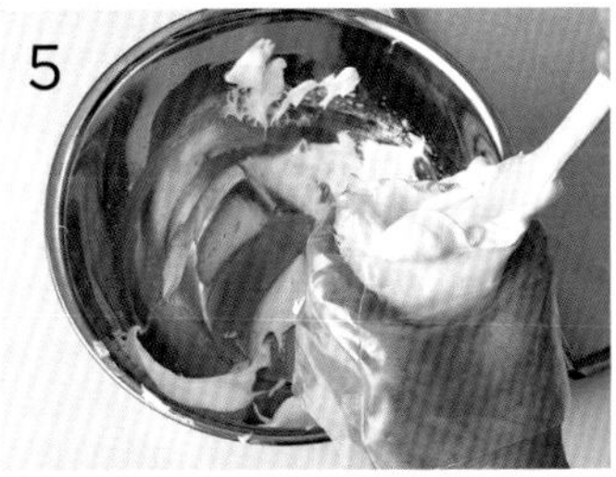

絞り袋に4を詰める。

6

天板に絞り出し、100度のオーブンで2時間ほど焼いて乾燥させる。
※アラザンやパールシュガーを使う場合は焼く前に飾る

天板に敷いたオーブンシートの裏側の四隅に生地を少し塗って密着させると、シートがずれにくくなる

7

焼き上がったら庫内にそのままおいて冷まし、完全に冷めたらディップやトッピングをする。

湿気に弱いため、乾燥剤を入れた密閉容器で保存する。なお、天然の着色素材は退色しやすいので、早めに食べきって

色素の使い方

小さめの容器に色素を入れ、熱湯をほんの少量ずつ加えて乳液くらいのかたさに練ります。これを生地に1〜2滴ずつ加えて、好みの色に調整します

※チョコレートには粉のまま加えます

※天然色素は色づきが控えめなので、しっかり色をつけたい場合は量を増やして。乾燥にも弱いため、使わないときはラップをかけておきましょう（かたくなったら熱湯を足して練るとやわらかくなります）

焼き上がりを確認するには？

OK

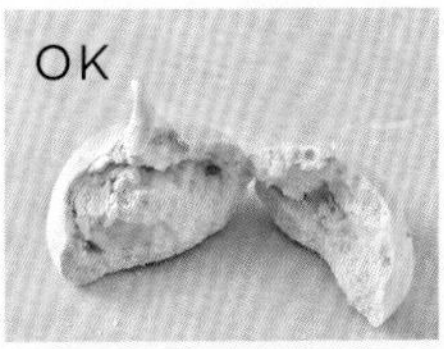

NG

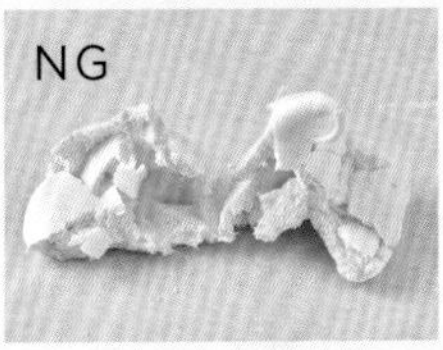

モレンクッキーは極力焼き色をつけずに仕上げるため、見た目だけでは焼き上がりの判断がしにくいもの。所定の焼き時間が終わったら、1つ取り出して冷まし、割って確認しましょう。サクッとしていれば焼き上がり。生焼けでも失敗ではなく、もう少し焼いて水分を飛ばせばきれいに焼き上がります

失敗とその原因

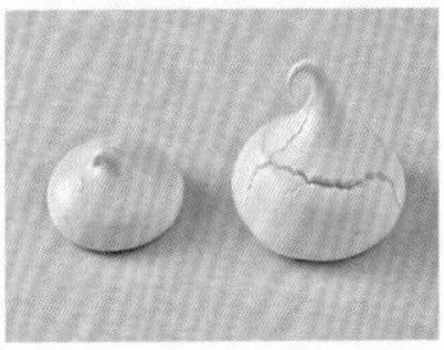

（左）**しぼんでしまう**のは、泡立てが足りないから。ほかにも、ボウルや器具に水分や油分が残っていたことなどが考えられます。（右）温度が高いと**ひび割れ**やすくなります。オーブン内の温度が上がったら、扉を開けて温度を下げる、メレンゲの上にアルミホイルをかけて焼き色がつくのを防ぐなどの工夫を

チョコロリポップ、アイスキャンデー
モレン

難易度 ★⯪☆

モレンクッキーと相性のよいチョコレートをたっぷりとディップ。どこから撮っても写真映えする、キュートでポップなかわいさに仕上がりました。木製のアイスキャンデー用スティックは、製菓専門店や100円ショップで手に入ります。

材料

直径10cmのロリポップ2本分
+長さ8cmのアイスキャンデー形1本分

基本のモレンクッキーの材料(p.10参照)… 全量
コーティング用チョコレート(ホワイト・スイート)… 各100g
食用色素(ピンク)… 適量
ラズベリーフリーズドライフレーク、シュガースプリンクル … 各適量

下準備

- アイスキャンデー用の木製スティックを3本用意する
- p.10の下準備1〜6と同様に行う
(口金は直径15㎜の星型を使用)

作り方

1　基本のモレンクッキーの生地を作る(p.10〜11の工程1〜5参照)。

2　天板に生地を少量絞り出し、上にアイスキャンデー用の木製スティックの先端をのせ、固定する。

3　それぞれの形に生地を絞り出し、100度のオーブンで2時間ほど焼いて冷ましたらデコレーションする。

チョコロリポップモレン

絞り方

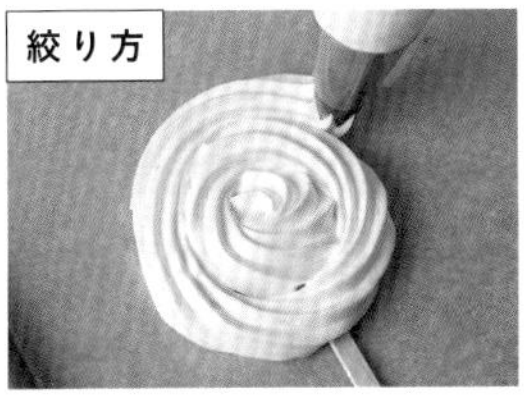

スティックの先端位置を起点にし、中心から外側に向かって3周ほど絞り出す。

デコレーション

ボウルにコーティング用ホワイトチョコレートを入れて60度の湯せんにかけ、溶けたら色素を粉のまま加えて混ぜる。

湯せんからはずし、モレンにチョコをつける。小さいゴムべらですくってかけ、面積の半分くらいまでディップする。

チョコが固まらないうちにラズベリーフリーズドライフレークをトッピングし、オーブンシートの上にのせて固める。

アイスキャンデーモレン

絞り方

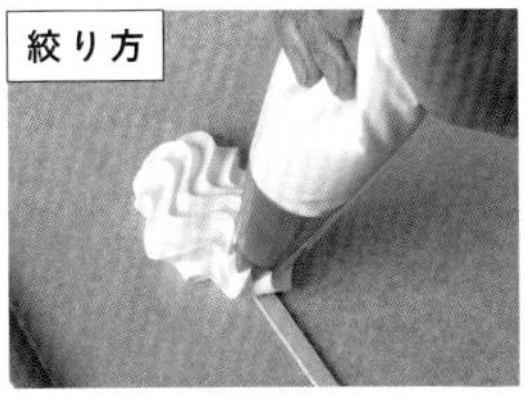

スティック先端のやや上から下に向かって幅3cm、長さ8cmくらいになるよう、らせん状に絞り出す。

デコレーション

上と同様に湯せんして溶かしたスイートチョコレートで、モレンの面積の半分くらいまでディップする。チョコが固まらないうちにシュガースプリンクルをトッピングし、固める。

生地が余ったら…

ひと口サイズのミニモレンを絞り出して一緒に焼きましょう!

ケーキやアイスクリームのデコレーションにも重宝する「ミニモレン」を作って、最後まで生地を使いきりましょう。星型の口金は垂直に絞り出すときれいな星形になります。アラザンなどを飾っても

オープンハートモレン

難易度 ★⯪☆

エレガントで華やかないでたちも、モレンクッキーの得意とするところ。韓国では、モレンクッキーはホールケーキの飾りに使われることも多いのだそう。泡立てたあと、フルーツパウダーやエッセンスを加えて混ぜ、自分好みの味に仕上げても。

材料　幅10cmのハート形2本分

基本のモレンクッキーの材料（p.10参照）… 全量
食用色素（黄色）… 適量
アラザン … 適量

下準備

- キャンデー用スティック（長さ10cm）を2本用意する
- コピー用紙などに幅10cmのハートをペンで描いてガイドを作り、上にオーブンシートを重ねて天板にセットする（a）
- p.10の下準備2～6と同様に行う（口金は直径10mmの星型を使用）

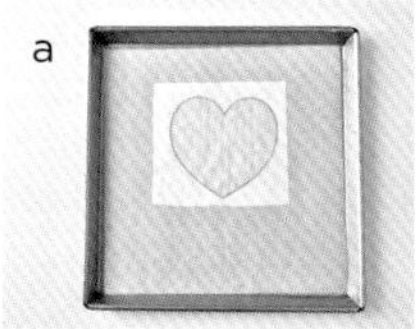

作り方

1　基本のモレンクッキーの工程1～4（p.10参照）まで終えたら、生地の1/3量を取り分け、残りの生地は色素を加えて着色する。

2　それぞれの生地を絞り袋に詰める。

3　天板に生地を少々絞り出し、上にキャンデー用スティックの先端を合わせ固定する。

4　白の生地をガイド紙に沿って口金を押しつけるように棒状に薄く絞り出しながら、ハートの輪郭をふち取る。

5　4の上に、間隔をあけて「ローズバッド」を5～6個絞り出す。

ローズバッドは「の」の字を書くように絞り、最後は力を抜いて引き上げる

6　続いて、黄色の生地で5のすき間を埋めるように、ローズバッドや星形を絞り出す。

7　アラザンを振り、ガイド紙をそっとはずす。100度のオーブンで2時間ほど焼いて冷ます。

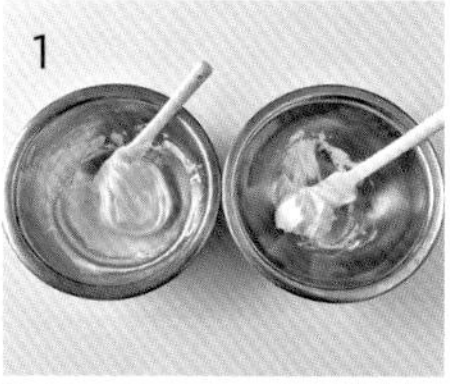

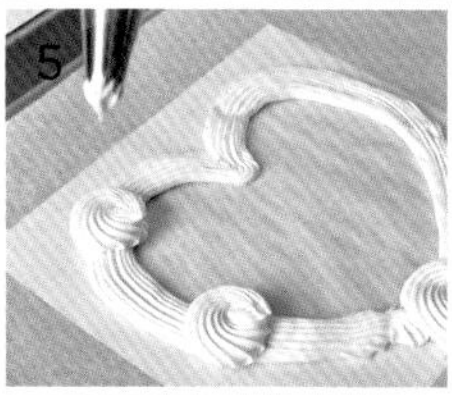

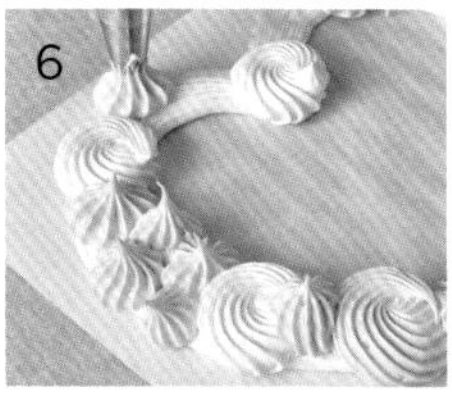

ラズベリーモレン

材料　約20個分

卵白 … 1個分（35g）
グラニュー糖 … 35g
A 粉砂糖 … 35g
　コーンスターチ … 5g
　ラズベリーパウダー … 30g

下準備

- p.10の下準備1～5と同様に行う（口金は直径10mmの星型を使用）
- Aの粉砂糖とコーンスターチを合わせてふるい、ラズベリーパウダーを混ぜる

作り方

1　基本のモレンクッキーの工程1～3（p.10参照）まで終えたら、Aを一気に加え、ゴムべらで粉っぽさがなくなるまで切るように混ぜる。

2　絞り袋に詰め、天板にツイスト、ハート、ローズバッドの形に絞り出す。

3　100度のオーブンで2時間ほど焼いて冷ます。

ローズバッド（オープンハートモレンの作り方5参照）を、つなげて4つ絞り出す

まずは2cm程度の貝形を絞り出し、次に絞り終わりが同じ場所に重なるように斜め上の方向からもう1つ絞り出す

ミントチョコドロップ

難易度 ★☆☆

韓国でも大人気のミント＋チョコの組み合わせ。大ぶりサイズとスタイリッシュなディップのデザインが、より韓国っぽさを演出します。メレンゲは泡立ててから時間がたつと、なめらかに絞りにくくなるのでスピーディーに作業しましょう。

材料　約20個分

卵白 … 1個分（35g）
砂糖 … 50g
ミントシロップ … 大さじ2
コーティング用チョコレート（スイート）
… 100g

下準備

- p.10の下準備1〜5と同様に行う
（口金は直径12㎜の丸型を使用）

作り方

1　ボウルに卵白を入れ、ハンドミキサーの高速で泡立てる。

2　泡立ってきたら砂糖を2〜3回に分けて加え、その都度よく泡立てる。かたく泡立ったら、ミントシロップを加えて混ぜる。

3　絞り袋に詰め、天板にしずく状になるよう絞り出す。

4　100度のオーブンで2時間ほど焼き、そのまま完全に冷ます。

5　60度の湯せんにかけて溶かしたコーティング用チョコレートを、4の片側半分にだけディップし、オーブンシートの上に並べて固める。

絞り終わりは口金を上下に揺らさないよう、力を抜きながらそっと垂直に引き上げると、均等なしずく状になる

ココナッツチョコロック

難易度 ★⯪☆

絞り出し不要だから、とっても手軽。少々無骨な見た目ですが、味は繊細でチョコレートとココナッツの風味とシャキシャキ食感が絶妙なアクセントに。生地はランダムに落として表面をゴツゴツさせると、表情豊かに焼き上がります。

材料 約16個分

卵白 … 1個分（35g）
砂糖 … 60g
チョコチップ … 120g
ココナッツファイン … 50g
チョコクッキー（市販） … 適量
コーティング用チョコレート（スイート）
… 50g

下準備

- p.10の下準備1〜4と同様に行う
- チョコクッキーは細かく砕く

作り方

1 ボウルに卵白を入れ、ハンドミキサーの高速で泡立てる。
2 泡立ってきたら砂糖を2〜3回に分けて加え、その都度よく泡立てる。かたく泡立ったら、チョコチップとココナッツファインを加えて泡をつぶさないように軽く混ぜる。
3 2をスプーンですくって天板に落とす。
4 100度のオーブンで2時間ほど焼き、そのまま完全に冷ます。
5 60度の湯せんにかけて溶かしたコーティング用チョコレートを、4の上にスプーンで細く垂らして線描きし（a）、固まる前にチョコクッキーを振りかける（b）。

チョコスティックモレン

難易度 ★★☆

韓国では、数あるチョコがけスティックのなかでも「ペペロ」という商品がダントツの人気。SNSではペペロをアレンジしたお菓子レシピの投稿も多く、このモレンクッキー巻きも、簡単なのに「映える」と話題をさらいました。

材料　9～10本分

基本のモレンクッキーの材料（p.10参照）
　… 全量
チョコがけスティック … 9～10本
食用色素（好みの色）… 適量
アラザン、シュガーパールなど … 各適量

下準備

- p.10の下準備1～6と同様に行う（口金は直径15mmの星型を使用）

作り方

1　基本のモレンクッキーの工程1～4（p.10参照）まで終えたら、生地を半分に分け、片方の生地は色素を加えて着色する。

2　絞り袋を高さのあるグラスなど（写真はビアジョッキ）に口金が下にくるようセットし、袋をグラスの外側に折り返して口を大きく開き（a）、白の生地と色つき生地を半分ずつ縦になるように入れる（b）。

3　絞り袋を片手で持ち、もう片方の手でチョコがけスティックを持つ。チョコがけスティックを口金の穴に差し込み、チョコレート部分が見えなくなるまで挿入する。

4　メレンゲを絞りながらスティックをねじって、少しずつ引き抜く。

5　スティックが全部メレンゲで覆われたら天板の上にそっとのせ、アラザンなどを振りかける。

6　100度のオーブンで2時間ほど焼いて冷ます。

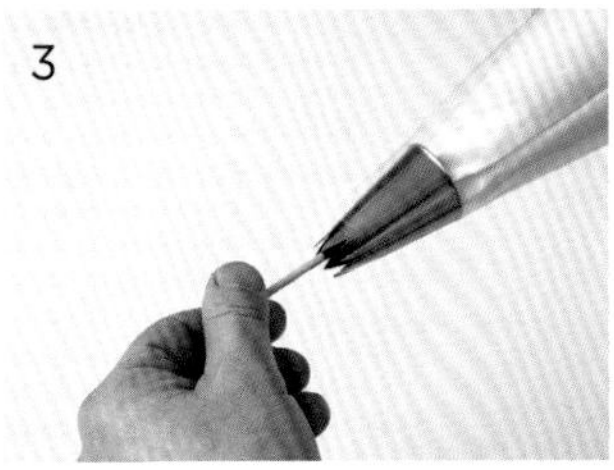

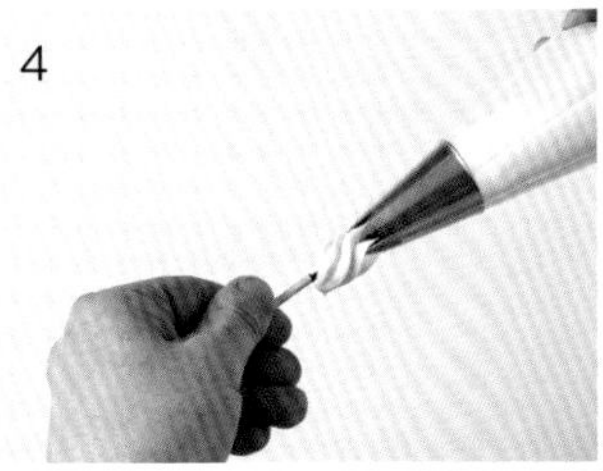

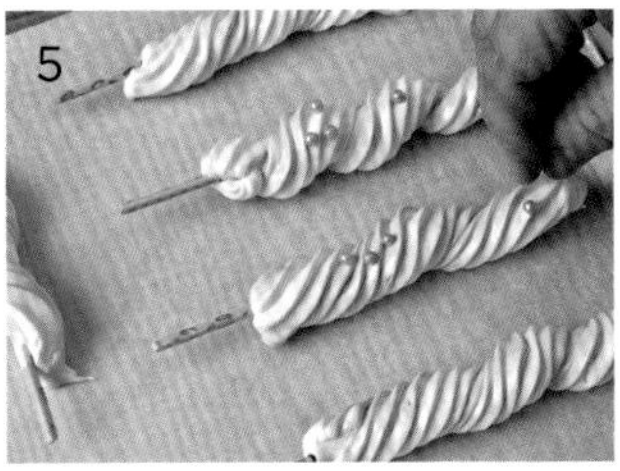

クルムパン

雲パン　難易度 ★★☆

その名のとおり、ふわふわの「雲」が名前の由来。パンとありますがメレンゲ菓子の一種で、発酵などの手間もなく短時間で作れること、雲のようにすぐ形を変えてしまう（しぼんでしまう）ことから、「おうち限定スイーツ」として火がつきました。焼きたてだからこそ味わえる、“ふわ・しゅわ”食感を、ぜひ楽しんで。

材料　1個分

卵白 … 3個分(105g)
砂糖 … 40g
レモンエッセンス … 2〜3滴
コーンスターチ … 15g
食用色素(青) … 適量

下準備

- 天板にオーブンシートを敷き、サラダ油(材量外)を全体に薄く塗る
- オーブンは150度に予熱する
- ボウルは乾いた布や紙で水分をしっかり拭き取る
- 卵白は泡立てる直前まで冷蔵庫で冷やしておく

作り方

1　ボウルに卵白を入れ、全体が白く泡立つまでハンドミキサーの高速で泡立てる。

2　白くもったりしてきたら砂糖を2〜3回に分けて加え、その都度泡立てる。

3　角が立つくらいまでしっかり泡立ったら、レモンエッセンス、コーンスターチの順に加え、ゴムべらで泡をつぶさないようさっくりと混ぜる(泡がつぶれると全体のかさが減ってしぼみやすくなる)。

4　生地の1/3量を取り出し、色素を加えて着色する。

5　3と4の生地をゴムべらでランダムになるよう天板にのせて(a)ドーム状に成形し、パレットナイフで表面を整える(b)。

6　150度のオーブンで30分焼いて取り出す。取り出したそばから、すぐにしぼんでしまうので、焼きたてをいただく。

1
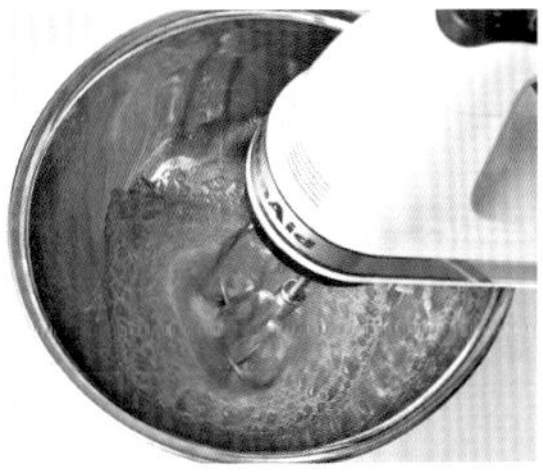

2
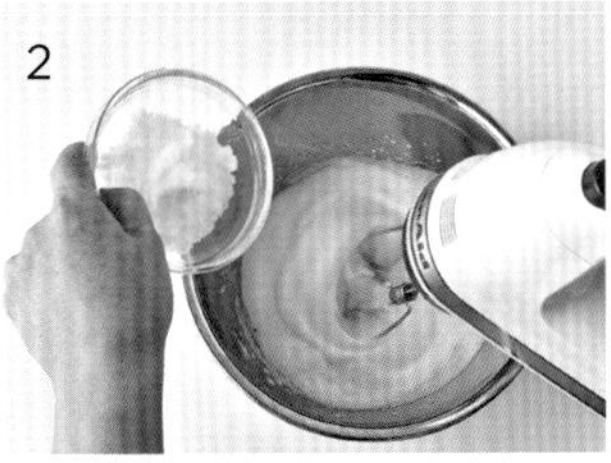

3

4

5

a

b

6

トゥンカロン

太っちょマカロン　難易度 ★★★

トゥンカロンは、「太っちょ」と「マカロン」を組み合わせた造語。従来の1.5～2倍の大きさのマカロンに、はみ出さんばかりのクリームや具がはさまった驚きのボリュームとビジュアルは、たちまち話題になりました。今もあらたなデザインと味が次々登場し、進化を続ける韓国カフェスイーツの代表的存在です。

フルーツアソート

共通の材料　各4個分

基本のマカロン生地（p.24参照）… 全量
基本のチーズクリーム（p.25参照）… 全量

共通の下準備

- 絞り袋に使用する口金をセットする

共通の作り方　それぞれのアレンジはp.26に！

1　マカロンを焼く。
2　チーズクリームを作る。
3　マカロンを重ねて内側になる部分に、クリームを絞り出す。
4　具材をはさんだり、トッピングをする。

基本のマカロン

難易度 ★★★

コロンと愛らしい形と独特の食感で、韓国でも不動の人気を誇るマカロン。ですが、焼き加減などの見極めが難しく、実は上級者向け。失敗しにくいレシピをご紹介していますが、難しく感じる場合は、手軽に作れる「マカロンミックス」を使っても。韓国でも家では市販のマカロンを使い、アレンジのみ楽しむ人も多いようです。

材料 直径6cmのマカロン8枚分

卵白 … 1個分(35g)
グラニュー糖 … 30g
A 純粉砂糖(コーンスターチが配合されていないもの) … 50g
└ アーモンドプードル … 35g

下準備

- コピー用紙などにペンで直径5.5cmの円を1〜2cm間隔をあけて描いてガイドを作り、上にオーブンシートを重ねて天板にセットする(a)
- 卵白は一度冷凍し、冷蔵室で解凍して使う直前まで冷やしておく(b)
- Aは合わせ、ゴムべらで押しつけるようにふるう
- オーブンは180度に予熱する
- 絞り袋に口金(直径10mmの丸型を使用)をセットする

コンパスを使うと簡単だが、ない場合は同じ直径のセルクルやコップなどをなぞっても

冷凍することで、卵白のコシ(粘性)がなくなってサラサラした状態になり、よりかたく泡立ちやすくなる

作り方

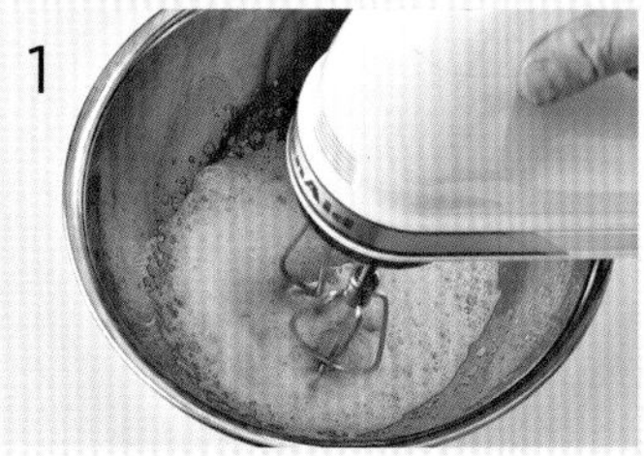

1 ボウルに卵白を入れ、全体が白く泡立つまでハンドミキサーの高速で泡立てる。

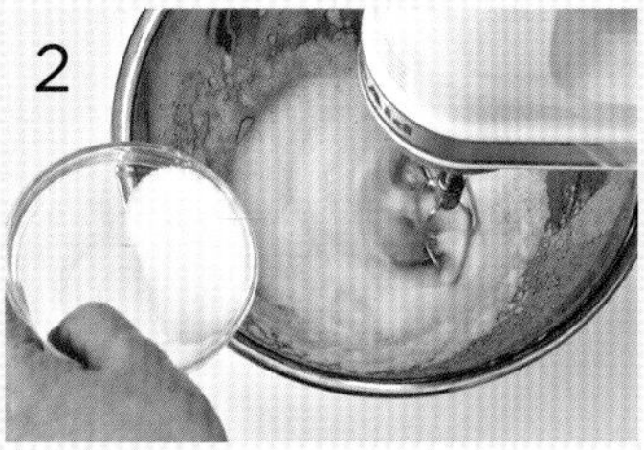

2 全体が泡立ってきたらグラニュー糖を2〜3回に分けて加え、その都度泡立てる。さらに角が立つくらいまでしっかり泡立てる。

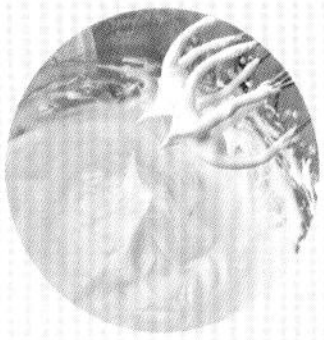

角がおじぎせずにピンと立ち、ハンドミキサーの羽根から落ちないくらいのかたさが目安

3 Aを加え、ゴムべらで全体を軽く混ぜる。色や味をつける場合は、ここで色素やパウダーを加える。

生地をボウルにこすりつけるようにして混ぜ、メレンゲの泡をしっかりとつぶす（これをマカロナージュという）。生地につやが出てとろりとなめらかになり、持ち上げるとリボン状に落ちてくる状態までマカロナージュする。

絞り袋に詰め、ガイド紙に従って円の上に丸く絞り出す。

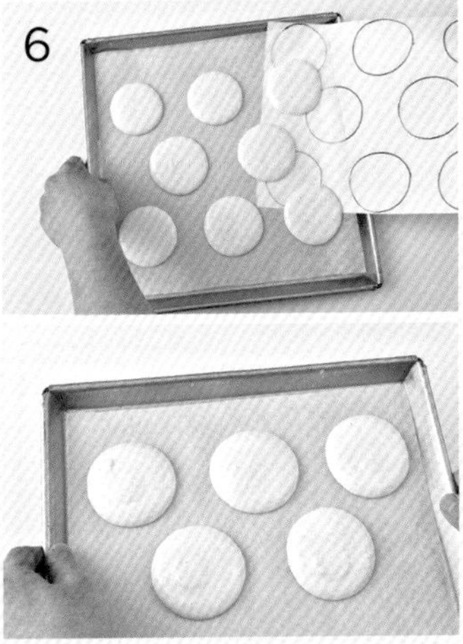

絞り終わったらガイド紙をそっとはずす。天板ごと2〜3㎝持ち上げて作業台に垂直にトントンと落とし、生地をならす。

そのまま30分ほどおき、指でさわっても生地がつかなくなるまで表面を乾燥させる。

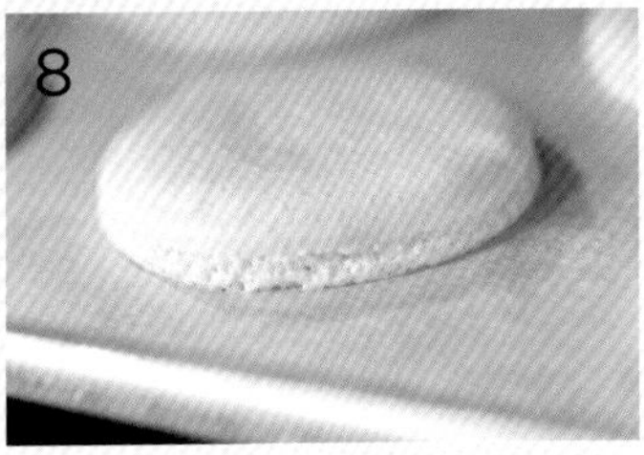

180度のオーブンで1〜2分焼き、ピエ（底がチリチリとふくらみ、ふちがついた状態）が出てきたらオーブンの温度を140度に下げ、様子を見ながら10分前後焼く。

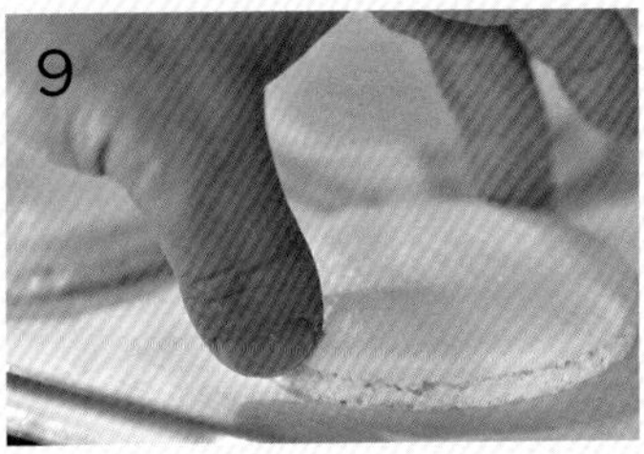

指でつまんで揺らし、生地が動かなければ焼けた合図。オーブンから出して冷まし、完全に冷めたらオーブンシートからはずす。

失敗とその原因

ピエが出ない

多くはオーブンの火力が弱い（温度が低い）ことが原因です。しっかり予熱ができているかを確認しましょう

中に空洞ができる

マカロナージュ不足や、焼く前の乾燥が十分でないなどが考えられます。マカロナージュが足りないと、ふくらみすぎたり、ひび割れしやすくなります

トゥンカロンと好相性　基本のチーズクリーム

バターが加わることでクリーム自体の強度が増し、大きなマカロンや具材を支えるボリュームのあるクリームができ上がります。

材料と作り方

ボウルに、冷えたクリームチーズ200gと常温にもどしたバター40gを入れ、ゴムべらでよく混ぜる。続けて粉砂糖50gを加え、全体になじませる。

アレンジで広がる！ トゥンカロン3種

フルーツアソート

生地

基本のマカロン生地でプレーンマカロンを焼く（p.24～25参照）。

クリーム

基本のチーズクリーム（p.25参照）にレモン汁小さじ1を加え、よく混ぜる。

絞り出し

直径15㎜の星型の口金を使う。垂直に絞り出し、「の」の字を書くようにして切る。

具材＆トッピング

ひと口大に切って水けをきった好みのフルーツ各適量（いちご、ブルーベリー、赤すぐり、ラズベリー、ぶどう、キウイフルーツなど）をはさむ。

ピーチ＆ラズベリー

生地

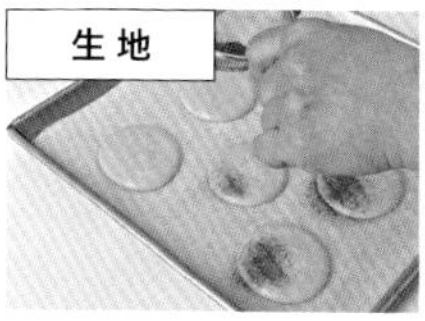

（左）ピンクの色素で着色した生地を絞り出し、乾かしてからグラニュー糖とラズベリーパウダー各適量を表面に振りかけて焼く。（右）生地を半分に分け、それぞれピンクとオレンジの色素で着色して絞り袋に詰め（p.19の工程2参照）、マーブル状に絞り出して焼く。

クリーム

基本のチーズクリーム（p.25参照）を半分に分け、片方にラズベリーパウダー大さじ1を加えて混ぜる。

絞り出し

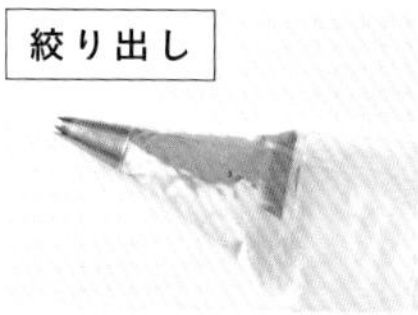

直径15㎜の星型の口金をセットした絞り袋に半分ずつプレーンとラズベリークリームを入れ（p.19の工程2参照）、上に重ねるように「の」の字を3回続けて絞り出す。

具材＆トッピング

クリームの側面にドライラズベリー適量をまぶす。

ブルーベリー

生地

生地を半分に分け、それぞれ青と黄色の色素で着色して絞り袋に詰め（p.19の工程2参照）、マーブル状に絞り出して焼く。

クリーム

基本のチーズクリーム（p.25参照）にブルーベリーパウダー大さじ1を加えて混ぜる。

絞り出し

直径15㎜の星型の口金を使い、上に重ねるように「の」の字を3回続けて絞り出す。

具材＆トッピング

クリームの側面にブルーベリー適量を飾る。

PART2

CAKE

ケーキ

切り分けた瞬間のみんなの顔を想像すると、
モチベーションが上がります。
最高にかわいい韓国カフェケーキは、
作っても食べても幸せな気分に。

基本のスポンジケーキ

難易度 ★★☆

まずはこの章に登場するケーキの土台となるスポンジケーキをマスターしましょう。薄力粉はグルテンが少なめのもの（p.6 日清『バイオレット』など）を使い、全卵は50度くらいまで温めてしっかり泡立ててからじっくりきめを整えることで、口当たりよく仕上がります。

材料　直径15㎝の丸型1台分

薄力粉 … 70g
卵 … 2個
砂糖 … 80g
A 牛乳 … 大さじ2
└ バター … 10g

下準備

- 型の底と側面にオーブンシートを敷く（a）
- オーブンは160度に予熱する
- 薄力粉はふるう
- Aは電子レンジでバターが溶けるまで加熱する（b）

a

b
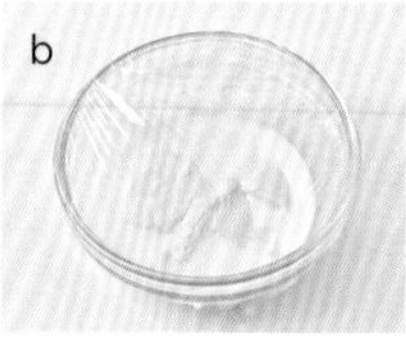

作り方

1

ボウルに卵を割り入れてほぐし、砂糖を加える。

2

湯せんにかけ、卵液を手でさわったら熱く感じるくらい（50度前後）までハンドミキサーの低速で混ぜながら温める。

3

湯せんからはずし、ハンドミキサーの高速でしっかり泡立てる。ハンドミキサーを持ち上げると卵液が羽根の中に一瞬とどまってゆっくり落ちてくるくらいになったら、低速に切り替え、1分ほどゆっくりと泡立ててきめを整える。

4
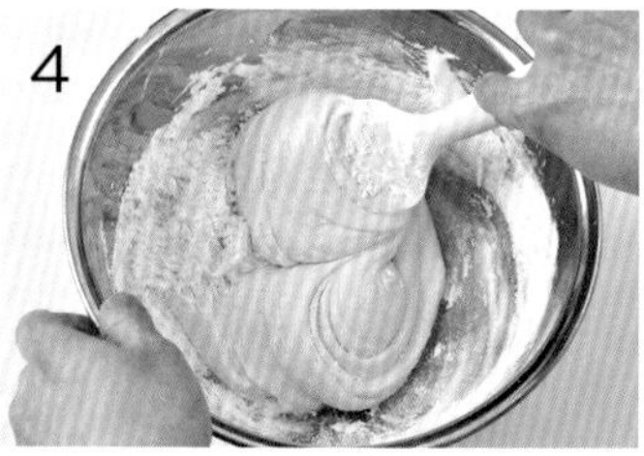

薄力粉を2〜3回に分けてちらすように加え、その都度ゴムべらでボウルの底からしっかりと混ぜる。

5

バターの筋が見えなくなればOK

つやが出てきたらAをちらすように加え、さっくりと混ぜる。

6

型に流し入れたら、型ごと2〜3cm持ち上げて作業台に垂直にトントンと2〜3回落とす。

大きな泡が消えて、口当たりがよくなる

7

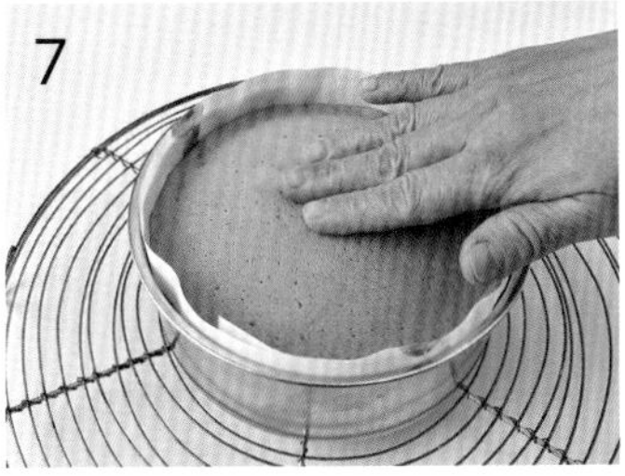

160度のオーブンで30分前後焼く。真ん中を押してみて弾力があれば焼き上がり。型からはずし、網にのせて冷ます。
※スポンジが乾燥しないよう、オーブンシートは使うまではずさない

スポンジケーキのアレンジ

シートスポンジ　27cm四方の天板1枚分

生地は基本のスポンジケーキの倍量。天板にオーブンシートを敷いて焼く。

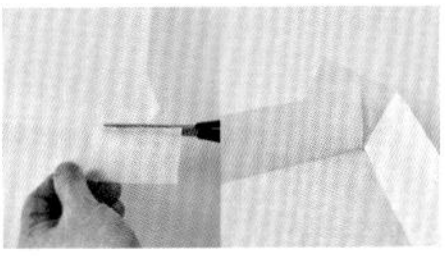

オーブンシートは天板の中底面に合わせて筋をつけて折り、筋から3cmほど長く切る。四隅に切り込みを入れて天板の角で重ね合わせ、側面を立ち上げる

生地を流したあと、カードで表面をならし、型の四隅まで生地をいきわたらせ、厚みを均一にする

チョコスポンジ

薄力粉の20%をココアパウダーに置き換える。
(基本のスポンジケーキの場合、薄力粉56g+ココアパウダー14g、シートスポンジの場合、薄力粉112g+ココアパウダー28g)

薄力粉とココアパウダーは、合わせたあとむらなく混ざるよう3〜4回ふるう

生クリームの泡立て方

基本のホイップ生クリームの材料　作りやすい分量

生クリーム … 1パック(200mℓ)
砂糖 … 20g(生クリームの10%)
キルシュ … 小さじ1(他の洋酒を使う場合も同量)

泡立て方

ボウルや鍋にたっぷりの氷水を張り、別のひと回り小さいボウルを重ねる。ここに冷やした生クリームと砂糖を入れ、ハンドミキサー(なければ泡立て器)の中速で泡立てる。とろみがついたらキルシュを加え、再び好みのかたさまで泡立てる。

泡立て度合い

六分立て
全体にとろみがつき、すくい上げると細い線状にするっと落ちて、落ちた跡がすぐに消える状態。ムースなどに使われることが多い

七分立て
すくい上げると泡立て器の中で少しとどまってから、リボンのような帯状になってとろりと落ちる状態。デコレーションケーキの仕上げ塗りなどに

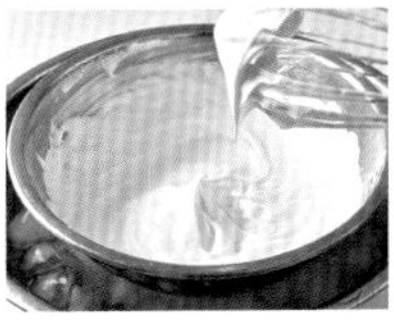

八分立て
すくい上げると角がピンと立ったあと、ゆるやかに先が曲がる状態。デコレーションケーキのサンドや、下塗り、絞り出しに適したかたさ

スポンジケーキ用シロップについて

スポンジケーキをデコレーションする際は、生地にシロップを打って(塗って)から行います。シロップを打つことで切り口の乾燥を防いで風味をつけるほか、デコレーション用のクリームも塗りやすくなります。

基本のシロップの材料

砂糖 … 大さじ2
水 … 大さじ4(60mℓ)
キルシュ … 小さじ1/2
(他の洋酒を使う場合も同様)

作り方

小鍋に砂糖と水を入れて混ぜながら中火にかけ、沸騰したら火を止めキルシュを加える。粗熱を取り、冷蔵庫で冷やす。

打ち方

はけにシロップを含ませ、スポンジの切り口を軽くたたくようにしてしみ込ませる。

トシラクケーキ

お弁当ケーキ　難易度 ★★☆

韓国ではお祝い事の際、餅菓子を配る習慣がありますが、最近の若い世代はオーダーケーキを贈るのが主流だそう。こうしたデリバリー文化から生まれたのがお弁当ケーキで、バーガーボックスにケーキを入れてしまうという発想に脱帽！　小さくてもデコレーションには手を抜かず、とことん映えるよう仕上げるのも韓国らしいところ。

材料　直径10cmのケーキ3個分

27cm四方のシートスポンジ（p.29参照）… 1枚
基本のシロップ（p.29参照）… 50mℓ
基本のホイップ生クリーム（p.29参照）… 2倍量
食用色素、好みのフルーツ、飾り用のアラザンなど … ケーキのデザインに応じて用意

下準備

- バーガー用ボックス(約15cm四方、ふたを閉じたときの高さ約8cm)3個を用意する
- シートスポンジは焼き色部分をはがし(a)、裏返してオーブンシートをはずす。直径10cmの丸型セルクルや幅10cmのハート型、7cm四方の正方形の型で抜き、2枚一組にする。型がない場合は、紙で同様の形を作ってスポンジの上にのせ、それを包丁で切る(b)
- ワックスペーパーを12cm四方に切ったものを3枚作る
- 絞り袋に口金を用途別にセットする
- フルーツは厚さ5mm程度にスライスする

a

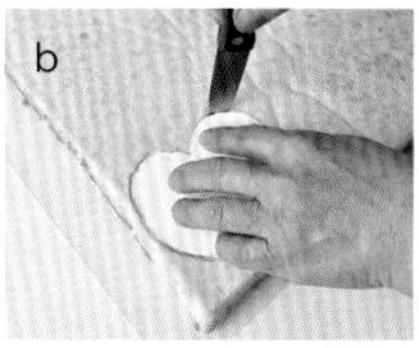
b

作り方

それぞれのアレンジはp.32～33に！

1　生クリームを七分立てにして1/3量を取り分け、デコレーションに応じて色素を加えて着色する(文字用は大さじ1程度でOK)。残りは八分立てにする。

2　スポンジの表面にシロップを打つ。

3　下側のスポンジに八分立てにした生クリームを塗る。上にフルーツをのせ(c)、さらに八分立てにした生クリームをのせ(d)、もう1枚のスポンジをかぶせて(e)、シロップを打つ。
※ボックスのふたが閉まるよう、ケーキやデコレーションの高さには注意

4　八分立てにした生クリームで全体を下塗りしたあと(f)、冷蔵庫で10分ほど冷やして落ち着かせ、七分立てにした生クリームで仕上げ塗りをする(g)。
※これらの作業を「ナッペ」という。コツはp.41を参照のこと

5　それぞれの絞り袋にデコレーションや文字用の(八分立てにした)生クリームを詰め、絞り出す。その際、先に文字を書き、あとから絞りを行うと失敗しにくい。

6　好みでフルーツやアラザンなどで飾って仕上げる。

7　ワックスペーパーの上にのせ、ペーパーごとボックスに入れる。

2

3
c

d

e

4
f

g

7

スポンジの切れ端は冷凍保存

切り抜いた残りのスポンジは、ラップで包んで冷凍保存しましょう。少量だけスポンジが必要なお菓子や、トッピングなどに活用できます。使う30分ほど前に出し、自然解凍します

トシラクケーキの デコレーションアイデア

イニシャルケーキ　スポンジ：直径10㎝の丸形

クリーム

オレンジの色素で
ナッペの仕上げ塗りと文字書きに使用

＋

プレーン
ナッペの下塗りと文字書き、デコレーションに使用

デコレーション

→

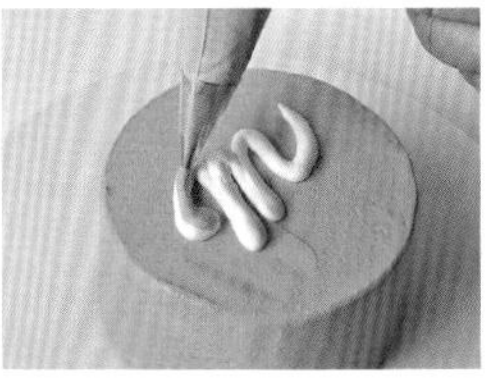

→

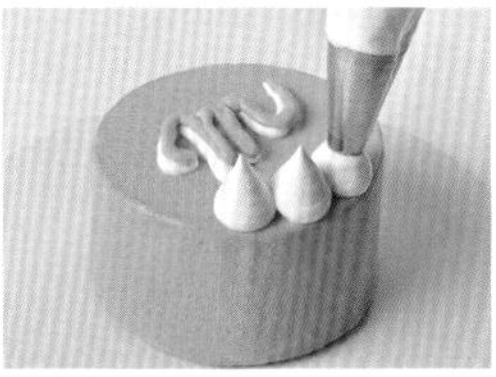

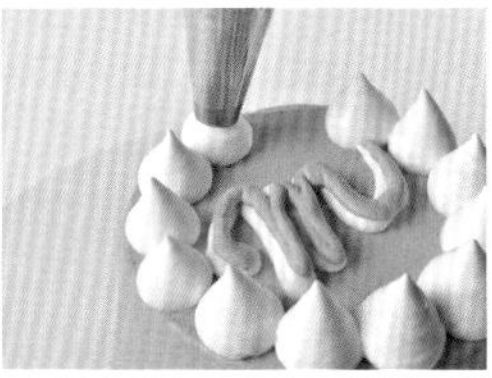

プレーンクリームで下塗りをし、オレンジ色クリームで仕上げ塗りをする。

直径3㎜の丸型口金をセットした絞り袋に2色のクリームをそれぞれ詰め、ケーキの中心にプレーンクリームで好きなイニシャルを絞り出す。上に、オレンジ色クリームを重ねて絞り出す。

直径10㎜の丸型口金をセットした絞り袋にプレーンクリームを詰め、ケーキ上面のふちにしずく形を連続して絞り出し、一周する。

バースデーケーキ　スポンジ：直径10㎝の丸形

クリーム

紫の色素で
デコレーションに使用

＋

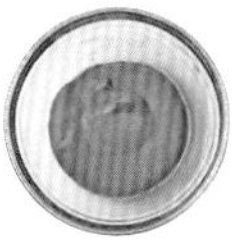

ピンクの
色素濃いめで
文字書きに使用

＋

プレーン
ナッペの下・仕上げ塗りと文字書きに使用

デコレーション

→

プレーンクリームで下・仕上げ塗りをし、紫色クリームをランダムにのせる。パレットナイフでのばして、マーブル模様にする。

直径3㎜の丸型口金をセットした絞り袋にプレーンクリームとピンク色クリームをそれぞれ詰め、ケーキの中心にプレーンクリームで文字を絞り出す。上に、ピンク色クリームを重ねて絞り出す。

Loveケーキ　スポンジ：幅10㎝のハート形

クリーム

ピンクの色素で
ナッペの仕上げ塗りに使用

＋

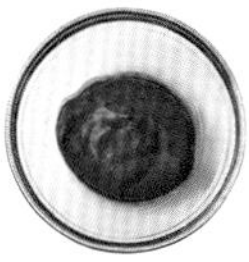

赤の色素で
文字書きに使用

＋

プレーン
ナッペの下塗りと文字書きに使用

デコレーション

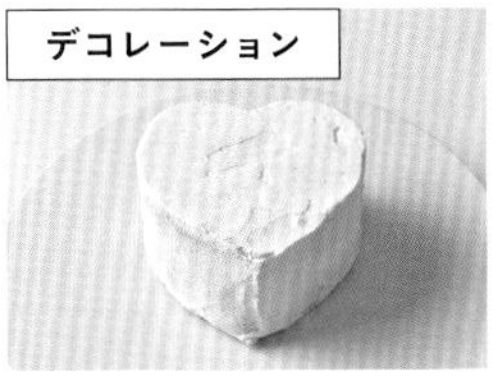

→

→

プレーンクリームで下塗りをする。

ピンク色クリームを全体に塗り重ね、パレットナイフの先でランダムにこすって波模様をつける。

直径3㎜の丸型口金をセットした絞り袋にプレーンクリームと赤色クリームをそれぞれ詰め、ケーキの中心にプレーンクリームで文字を絞り出す。上に、赤色クリームを重ねて絞り出す。仕上げにシュガーパールをちらす。

ヴィンテージケーキ　スポンジ：7㎝四方の正方形

クリーム

青の色素で
ナッペの仕上げ塗りに使用

＋

プレーン
ナッペの下塗りとデコレーションに使用

デコレーション

→

→

プレーンクリームで下塗りをし、青色クリームで仕上げ塗りをする。

直径10㎜の星型口金をセットした絞り袋にプレーンクリームを詰め、ケーキ上面のふちに貝(シェル)形を連続して絞り出し、一周する。

直径4㎝程度の円形の抜き型を、ケーキの側面に半円分を当てて筋をつける。直径5㎜の星型口金をセットした絞り袋にプレーンクリームを詰め、この筋に沿って上面と同様にシェル形を連続して絞り出す。

キューブ
タルギケーキ

いちごのキューブケーキ

難易度 ★★☆

タルギは韓国語でいちご。韓国でも定番といえるタルギケーキを、透明のデザートカップに入れて誰もが驚く「断面映え」を実現！　鮮やかな赤色とみずみずしさが際立って本当においしそう。スポンジの代わりに食パンを使い、気軽に作っている人も多いようです。あえて紙コップに入れたシンプルスタイルも不思議とかわいい！

材料　7㎝角のデザートカップ３個分

シートスポンジ
（p.29参照・市販のカステラでも可）
　… 5.5㎝四方、1㎝厚さに切ったもの３枚
いちご（小粒）… 約300g
基本のシロップ（p.29参照）… 適量
基本のカスタードクリーム（p.35参照）… 全量
生クリーム … 150㎖
砂糖 … 15g
キルシュ … 小さじ1/3
飾り用のいちご … 3個

下準備

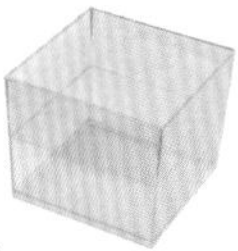

100円ショップなどで買えます

- 7㎝角のデザートカップ３個を用意する
- いちごは洗って水分を拭き取る。飾り用以外はへたを取り、厚さ5㎜程度にスライスしてペーパータオルの上に広げ、水けを取る(a)
- 2つの絞り袋に口金(直径6㎜の丸型と直径12㎜の星型口金を使用)をセットする

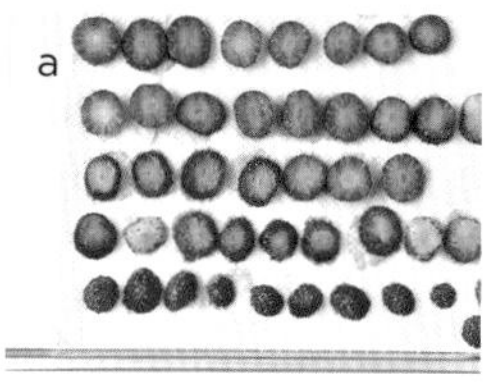

いちごはゆで卵カッターで軽く押さえて筋をつけておくと、均等にスライスできる

作り方

1　ボウルに生クリーム、砂糖、キルシュを入れ、ボウルの底を氷水に当てながら八分立てにする。飾り用に1/3量取り分ける。

2　別のボウルにカスタードクリームを入れ、ゴムべらでなめらかになるまでよくかき混ぜる。ここに1を加え、軽く混ぜる（混ぜすぎないよう注意）。

3　デザートカップの側面内側に、スライスしたいちごをぐるっと一周貼りつける。中央にスポンジを敷いてシロップを打つ。

4　2を丸型の口金をセットした絞り袋に詰め、スポンジの上に絞り出し、その上にスライスしたいちごを並べる。

5　3と4の作業を3段分繰り返す。

6　1で取り分けた飾り用の生クリームを星型の口金をセットした絞り袋に詰め、5の上に絞り出し、飾り用のいちごをのせる。

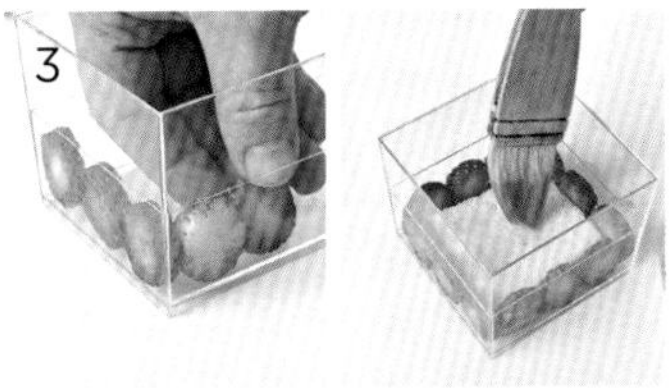

基本のカスタードクリーム

材料

卵黄 … 2個分（40g）
砂糖 … 50g
薄力粉 … 20g
牛乳 … 1カップ
バニラビーンズ … 1/2本
バター … 10g

作り方

1　ボウルに卵黄と砂糖を入れ、泡立て器でよくかき混ぜる。

2　ふるった薄力粉を加え、粉が見えなくなるまで混ぜる。

3　鍋に牛乳としごき出したバニラビーンズとさやを入れ、沸騰直前まで温める。

4　2に3を一気に加え、よく混ぜる。網でこしながら鍋に戻し、中火にかける。

5　よくかき混ぜ、ふつふつと沸いてきてからさらに2～3分かき混ぜる。一度かたくとろみがついたクリームが次第にたらたらとやわらかくなってきたら火を止め、バターを加えて混ぜる。

6　バットにあけ、表面をラップでぴっちりと覆い、粗熱が取れたら、冷蔵庫で冷やす。

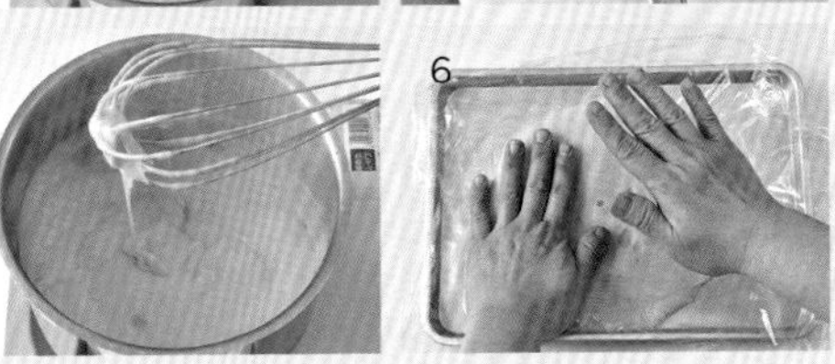

キューブティラミス

難易度 ★★☆

p.34のキューブタルギケーキと同じく、透明のデザートカップに入ったティラミスは層の美しさが決め手。リッチだけれどあと味さっぱりのマスカルポーネクリームは、フルーツにかけたり、パンに塗ってもおいしくいただけます。ココアパウダーは市販のステンシル用シートを使って振ると、きれいな仕上がりに。

材料　7cm角のデザートカップ3個分

フィンガービスケット(市販)…27本
コーヒーシロップ
　インスタントコーヒー(粉末)
　　…大さじ2
　砂糖…20g
　水…1/2カップ

生クリーム…50mℓ
卵黄…1個分(20g)
砂糖…40g
マスカルポーネチーズ…100g
卵白…1個分(35g)
ココアパウダー、粉砂糖…各適量

下準備

- 7cm角のデザートカップ3個を用意する
- フィンガービスケットは、デザートカップの大きさに合わせて切りそろえる(a)
- 耐熱容器にコーヒーシロップの材料を入れ、電子レンジで30～40秒加熱して混ぜ、コーヒーと砂糖を溶かす(b)
- 絞り袋に口金(直径6mmの丸型を使用)をセットする

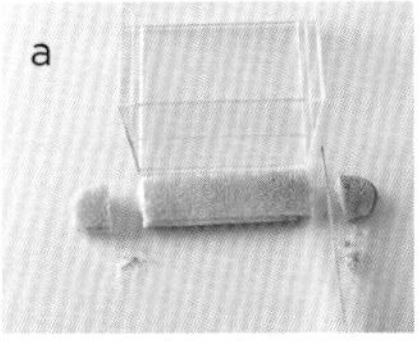
a

b

作り方

1　ボウルに生クリームを入れ、ボウルの底を氷水に当てながら七分立てにし、冷蔵庫で冷やす。

2　別のボウルに卵黄と砂糖の半量を入れ、泡立て器で白っぽくなるまですり混ぜる。マスカルポーネチーズ、1を順に加え、その都度よく混ぜる。

3　別のボウルに卵白を入れ、ハンドミキサーの高速で泡立てる。全体に泡立ってきたら残りの砂糖を2～3回に分けて加え、その都度よく泡立て、かたいメレンゲを作る。

4　2に3を加え、メレンゲの泡をつぶさないように泡立て器でそっと混ぜる。

5　フィンガービスケットをコーヒーシロップにさっと浸し、デザートカップの底に敷き詰める。

6　絞り袋に4のクリームを詰め、ビスケットの上に絞り出す。

7　5と6の作業を3段分繰り返し、最後はクリームをカップのふちいっぱいまで絞り出し、パレットナイフで平らにならし、冷蔵庫で1時間ほど冷やす。

8　食べる直前に、ステンシル用シートを使ってココアパウダーと粉砂糖を振りかける。

2

4

5

6

7

8

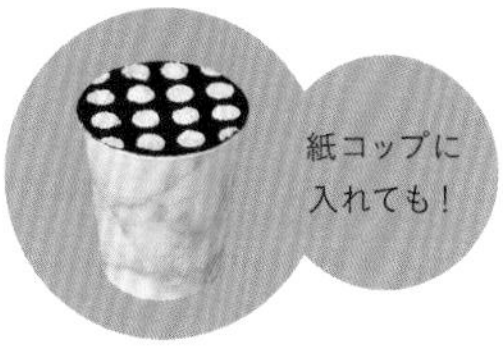

コグマケーキ

さつまいものケーキ

難易度 ★★☆

コグマは小さいクマではなく、さつまいものこと。韓国でコグマは老若男女に愛されていて、映画やドラマでもコグマを食べるシーンが多く登場します。紫色のものも多く見かけますが、今回は手に入りやすい黄色のさつまいも版レシピをご紹介。時間と手間はかかるけれど、焼きいもにしてから作ると最高においしくなりますよ。

材料　口径13㎝のボウル1個分

基本のスポンジケーキ（p.28参照）… 1台分
さつまいも … 大1本（500g）※市販の焼きいもでもOK
バター … 30g
砂糖 … 80g
生クリーム … 1/2カップ（100㎖）前後
ラム酒 … 大さじ1
デコレーション用
　生クリーム … 50㎖
　砂糖 … 5g
基本のシロップ（p.29参照）… 50㎖

下準備

- スポンジケーキは厚さ1cmにスライスしたものを3枚用意し、それぞれ直径8cm、10cm、13cmに切り抜く(a)。残りのスポンジはフードプロセッサーで細かく砕いてケーキクラムを作る(b)
- 絞り袋に口金(モンブラン用を使用)をセットする
- 口径13cmのボウルの内側全面にラップを貼りつける

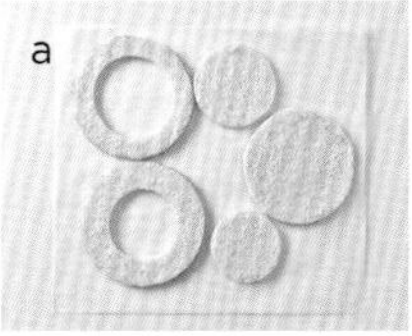
a

b

作り方

1　さつまいもは丸ごとアルミホイルで包み、180〜200度のオーブンで竹串がすっと刺さるまで1時間ほど焼いて皮をむく。市販の焼きいもを使う場合は電子レンジで温める。

2　1が熱いうちにフードプロセッサーに入れ、バターと砂糖を加えてなめらかになるまで攪拌する。ここからポンポン用に50g分を取り分け、丸めてラップに包み、冷蔵庫で冷やす。残りはそのまま冷やす。

3　2が冷めたらポンポン用以外を再びフードプロセッサーにかけ、生クリームを少しずつ加えて調整しながら攪拌し、なめらかなクリーム状になったらラム酒を加えて混ぜる。ここからまた50g分を取り分け、絞り袋に詰める。

4　ラップを貼りつけたボウルに、直径8cmのスポンジを敷いて(c)シロップを打つ。3のさつまいもクリームの1/3量をのせ(d)、平らにならす。同様に、直径10cmのスポンジを重ねてシロップを打ち、残りのさつまいもクリームをのせて平らにならし、直径13cmのスポンジでふたをする(e)。ラップをかけ、冷蔵庫で30分くらい冷やす。

5　ボウルにデコレーション用の生クリームと砂糖を入れ、ボウルの底を氷水に当てながら七分立てにする。

6　回転台に4をひっくり返してのせ、ボウルとラップをはずす。

7　ケーキのまわりを5のクリームで覆い(f)、ケーキクラムをまぶしつけたら(g)、手で押さえて密着させる。

8　丸めておいた2を真上にのせ、3で絞り袋に詰めたクリームで、つんつんとしたポンポン状に絞り出す。

1

2

4

c

d

e

6

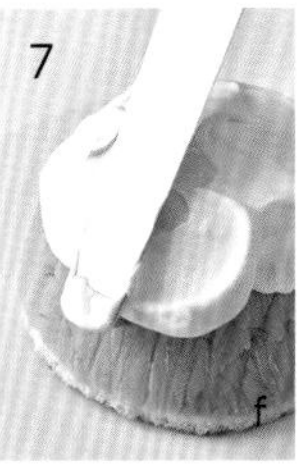
7

f

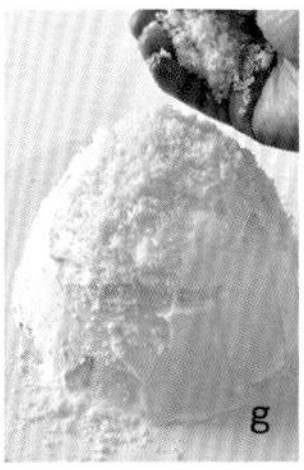
g

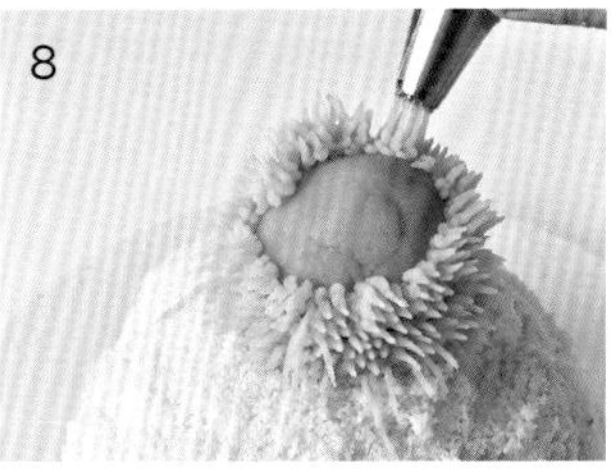
8

タルギケーキ

いちごのケーキ　難易度 ★★★

一見シンプルなケーキながら、切ると驚き！　なんと5段にも重なったいちごが登場します。家族や仲間の集まりで、みんなの前で切り分けたら盛り上がること間違いなしです。美しい断面に仕上げるコツは、いちごを均一にスライスすること。ゆで卵カッターで筋をつけておくと（p.34参照）、約5㎜の厚さに切りそろえられます。

材料

直径15cmのホールケーキ1台分

基本のスポンジケーキ(p.28参照)…1台分
いちご…約400g
A 生クリーム…1と1/2カップ
　砂糖…30g
　キルシュ…小さじ1
基本のシロップ(p.29参照)…大さじ2
飾り用のいちご…6個

下準備

- スポンジケーキはオーブンシートをはずし、焼き色部分をはがす。厚さ1.5cmにスライスしたものを2枚用意する
- いちごは洗って水分を拭き取る。飾り用以外はへたを取り、厚さ5mm程度にスライスして(p.34参照)ペーパータオルの上に広げ、水けを取る(a)

a

作り方

1 ボウルにAを入れ、ボウルの底を氷水に当てながら1/3量は七分立て、残りは八分立てにする。

2 下段用のスポンジの切り口にシロップを打ち、八分立ての生クリームを塗る。スライスしたいちごをぎっしりと敷き詰め、上に同じ生クリームを薄く塗る。
※いちごはまず「米」の字に並べてから、小さめのものですき間を埋めるように敷き詰める

3 同様に4段まで繰り返し、上段のスポンジの切り口を上にしてのせ、シロップを打つ。

4 全面を八分立ての生クリームの残りで下塗りしたら(b)冷蔵庫で10分ほど冷やし、七分立ての生クリームで仕上げ塗りをする(c)。

5 仕上げにいちごを飾る。

2
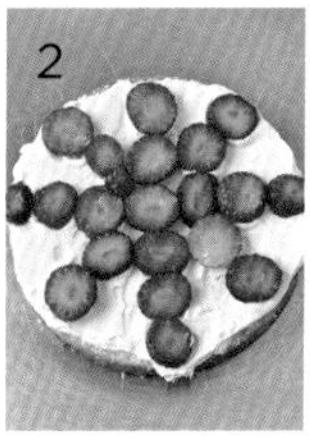

回転台の上下左右4カ所にテープなどで目印をつけておくと、上段も同じ位置に「米」の字に並べられ、美しい断面が作れる

3

4

b

c

5

ナッペのコツ

スポンジケーキの全面にクリームを塗ることを「ナッペ」といいます。デコレーションケーキのナッペは、基本的に八分立てのクリームを薄く下塗りして形を整えたあと、七分立てのクリームをたっぷり上塗りして、つやとなめらかさを演出します。下塗りは側面からクリームを塗り進めて凸凹を埋めてから上面に移り、上塗りは上面→側面の順に塗って仕上げます。下塗り後、冷蔵庫で10分ほど冷やし、クリームを落ち着かせてから上塗りするのが上手に仕上げるコツです

ペイントケーキ

難易度 ★★☆

色とりどりにペイントされたクリームにうっとりしたあとは、4種類のフルーツがサンドされた、これまたカラフルな断面に見入ってしまいます。そう、“ここまでやる？”が、韓国カフェスイーツの精神。インパクトがあって、かわいい、そしておいしいと言ってもらえるために、今日も新たなスイーツが次々と生まれています。

材料　直径15㎝のホールケーキ1台分

基本のスポンジケーキ（p.28参照）…1台分
クリームチーズ…120g
砂糖…40g
レモン汁…大さじ2
生クリーム…2カップ（400㎖）
コアントロー…大さじ1
シロップ
　砂糖…40g
　水…20g
　コアントロー…小さじ1
いちご…150g
オレンジ、ルビーグレープフルーツ…各1/2個
キウイ…1個
食用色素（ピンク、青、黄色、緑）…各適量

下準備

- シロップを作る（p.29参照）
- いちごは洗って水けを拭き取り、へたを取って縦半分に切る。オレンジとグレープフルーツは皮をむいて房から出す。キウイは皮をむいて縦半分に切り、厚さ1㎝にスライスする。それぞれをペーパータオルの上に広げ、水けを取る
- スポンジはオーブンシートをはずし、焼き色部分をはがす。厚さを4等分にスライスする（それぞれ厚さ1㎝前後）

作り方

1　ボウルにクリームチーズと砂糖を入れてハンドミキサーでよく混ぜ、レモン汁を少しずつ加えて混ぜる。

2　1に生クリームとコアントローを加え、八分立てにする。

3　スポンジの切り口にシロップを打ち、2のクリームを塗る。いちごを並べ、上からクリームを塗り、スポンジを重ねる。

4　キウイ、オレンジとグレープフルーツも同様に行い、周囲にもクリームを塗る。

5　残りのクリームを4等分し、それぞれ色素で着色する。

6　5をパレットナイフでケーキの全面にペンキのようにランダムに塗りつける。

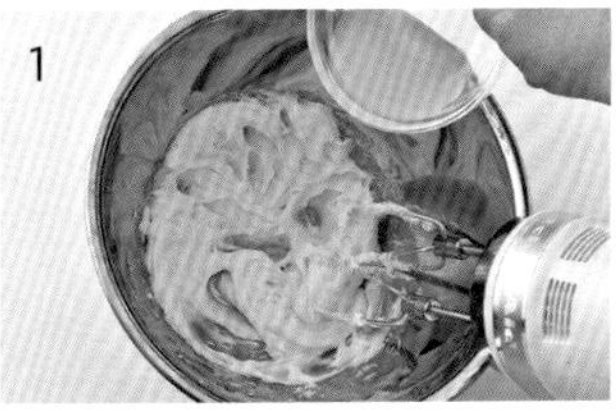

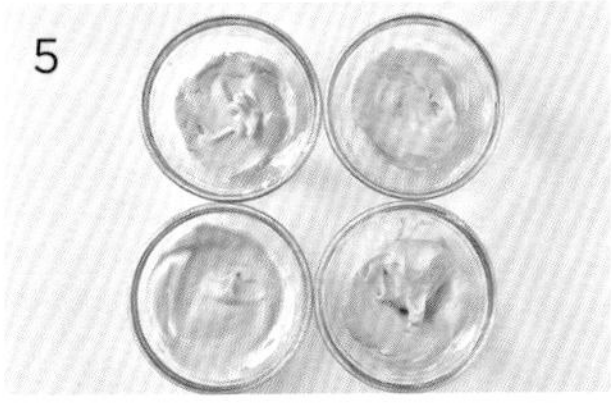
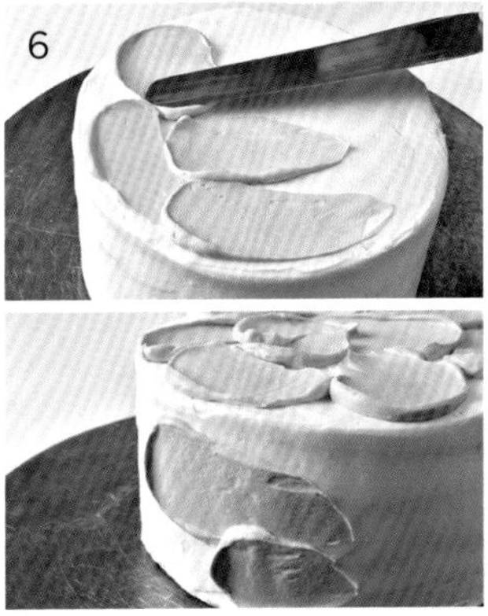

韓国「おうちカフェスイーツ」最前線

韓国では今、家で手作りの“映え”スイーツを楽しむのも流行中。
ホッとできる素朴でレトロなものが主流ですが、手先の器用さを生かして
繊細なデコレーションに挑戦する人も。
斬新で大胆な発想に、いつもワクワクさせてもらっています。

#01

難易度 ★★★

いちごをキャンドルの炎に見立てたケーキは、極限までシンプルながらも、どこか懐かしさを感じるデザイン。小さいぶんナッペ作業が難しく、じつは上級者向け

#02

難易度 ★☆☆

市販のクロワッサンをワッフルメーカーで焼いた「クロッフル」が人気急上昇中。 サクッとした食感がくせになります。好みのアイスクリームやフルーツを添えても

#03

難易度 ★★★

韓国の風呂敷布（ポシャギ）をそっくり再現したカラフルでゴージャスなケーキ。美しいドレープやタッセル（ノリゲ）は、白あんをベースにした生地で作っています

#04

難易度 ★★☆

犬やハリネズミなど、動物モチーフの絞り出しも人気。クルゴノ コピ（p.74 参照）も、SNSでは趣向を凝らしたデコレーションで切磋琢磨する人が多数

PART3

DECORATIVE

デコラティブ定番スイーツ

長く親しまれている伝統菓子や定番スイーツが、
カラフル＆スタイリッシュに変身！
もちろん、味だって驚くほど
おいしく進化しています。

レトロカップケーキ

難易度 ★★☆

“レトロな感じがやっぱりかわいい！”と、韓国でリバイバルヒットを果たしているカップケーキ。当然、カラフル＆デコラティブに進化していて、お店ではエレガントなフラワーケーキから、昔のアメリカ映画で見たような正統派まで豊富にラインナップされています。家では、市販のカップケーキにデコレーションすれば、簡単お手軽。

あんクリームフラワーカップケーキ

バタークリームカップケーキ

基本のカップケーキ

難易度 ★⯪☆

今回ご紹介したのは、“混ぜて焼くだけ”のアメリカンタイプのレシピ。材料の卵、バター、砂糖、薄力粉がすべて同量(60g)なので覚えやすいです。ワンボウルで手軽に作れ、失敗もほぼありません。そのまま食べてもおいしく、ちょっとした軽食にもなりますよ。

材料

直径6cm、高さ3.5cmのカップケーキ型6個分

バター … 60g
砂糖 … 60g
卵 … 1個
A 薄力粉 … 60g
└ ベーキングパウダー … 2g

下準備

- カップケーキ型にグラシンペーパーを敷く(a)
- オーブンは160度に予熱する
- バターは室温にもどす
- 卵は室温にもどし、溶きほぐす
- Aは合わせてふるう

a

作り方

1

ボウルにバターを入れ、泡立て器で空気を含ませるようにかき混ぜる。砂糖を2～3回に分けて加え、白っぽくなるまですり混ぜる。

2

卵液を2～3回に分けて加え、その都度よく混ぜる。

3

Aを再度ふるいながら加え、泡立て器でつやが出るまでよく混ぜる。

4

生地を型に入れる。アイスクリームディッシャーを使うと便利。

5

160度のオーブンで20分ほど焼く。網にとって冷まし、冷めたらデコレーションする。

チョコカップケーキ

薄力粉の20%をココアパウダーに置き換える。
(薄力粉48g、ココアパウダー12g)
※薄力粉とココアパウダーは、合わせたあとむらなく混ざるよう3〜4回ふるう

基本のクリーム

レトロカップケーキに合うクリーム2種をご紹介。色をつけるときは、それぞれの工程を終えたあとに色素などを加えて混ぜます。どちらもラップに包んで冷凍用保存袋に入れれば、2週間ほど冷凍保存できます。

白あんクリーム

材料 作りやすい分量

白あん … 300g
クリームチーズ … 30g

作り方

ボウルに白あんとクリームチーズを入れ、ハンドミキサーでなめらかになるまでよく混ぜる。

バタークリーム

材料 作りやすい分量

バター(1cm角に切って室温にもどす) … 225g
卵白 … 60g
砂糖 … 100g

作り方

1 ボウルに卵白と砂糖を入れて泡立て器でよく混ぜ、沸騰して火を止めた湯せんにかける。卵白が50度くらいになるまで、混ぜながら温める。

2 湯せんからはずし、ハンドミキサーの高速で冷めるまで泡立て、しっかりとかたいメレンゲを作る。

3 バターを少しずつ加え(かたいようなら電子レンジで軽く温める)、その都度よく攪拌し、白くふんわりした状態になるまで続ける。

あんクリームフラワーカップケーキ

アネモネ2種

材料 6個分

基本のカップケーキ
（p.48参照）… 6個
白あんクリーム（p.49参照）
… 全量
食用色素（黄色、紫、茶）… 各適量

下準備

- コルネ（p.8参照）を用意する
- 絞り袋に口金（バラ104、直径6㎜の丸型を使用）をそれぞれセットする

作り方 手前の黄色い花の場合

1 白あんクリームを4:1:1に分け、多いものに黄色、残りはそれぞれ紫、茶の色素を加えて混ぜ、色をつける。

2

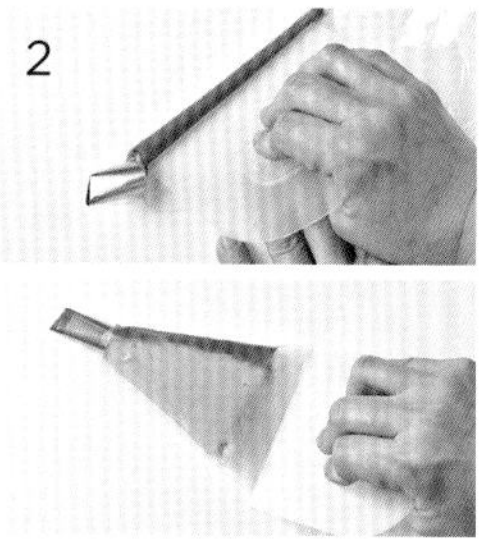

バラの口金をセットした絞り袋に紫色のクリームを口金の細い側の端に詰め、カードでしっかりと寄せる。続けて黄色いクリームを詰め、カードで口金の近くまで寄せる。

3

口金の細い方を外側に向け、右手を小刻みに動かし、左手でカップケーキを回しながら外側に一周絞り出す。

4

その上にひと回り小さく2段目を同様に絞り出し、中心を埋めるように絞ったら、3段目も絞り重ねる。

5

丸型の口金をセットした絞り袋に茶色のクリームを少量詰め、4の中心に垂直に絞り出し、花芯を作る。

6

コルネに残りの茶色のクリームを詰め、花芯の周囲に1本ずつおしべ状に絞り出す。

※奥の紫の花は、紫色クリーム：茶色クリームを6:1の割合にし、同様に絞り出す

バラ

材料 6個分

基本のカップケーキ
（p.48参照）… 6個
白あんクリーム（p.49参照）
… 全量
ビーツパウダー … 適量

下準備

- コルネ（p.8参照）を用意する
- 絞り袋に口金（バラ104を使用）をセットする

作り方

1

白あんクリームにビーツパウダーを加えて混ぜ、色をつける。

2

絞り袋に1を詰め、カップケーキの中央に直径1㎝、高さ1.5㎝ほどの土台を絞り出す。

3

口金の先が細い方を上に向けて土台に口金を添わせ、左手でカップケーキを一回転させながら、円錐状になるように絞り出す。

4

3を起点に、カップケーキを回転させながら花びらを1枚ずつカップケーキの上に絞り出し、バラの花を作る。

バタークリームカップケーキ

レモン

材料 2個分

基本のカップケーキ（p.48参照）… 2個
バタークリーム（p.49参照）… 120g
レモン汁 … 小さじ2
レモンの皮 … 1/4個分

下準備

- レモンの皮は細切りにする

作り方

1 バタークリームにレモン汁を加えて混ぜる。

2

アイスクリームディッシャーに1を詰め、カップケーキの上にのせる。

3

仕上げにレモンの皮をふんわりと飾る。

ストロベリー

材料 2個分

基本のカップケーキ（p.48参照）… 2個
バタークリーム（p.49参照）… 100g
ストロベリーパウダー … 小さじ2
チェリー（缶詰）… 2粒

下準備

- 絞り袋に口金（直径15㎜の星型を使用）をセットする

作り方

1 バタークリームにストロベリーパウダーを加えて混ぜ、色味が足りない場合はピンクの色素（材料外）少々を加えて補う。

2

絞り袋に1を詰め、カップケーキの上にソフトクリーム状に絞り出す。

3

チェリーをのせる。

チョコレート

材料 2個分

チョコカップケーキ（p.49参照）… 2個
バタークリーム（p.49参照）… 50g
ココアパウダー … 15g
チョコレートパール … 適量

作り方

1 バタークリームにココアパウダーを加えて混ぜる。

2

カップケーキの上に1をのせ、パレットナイフで表面をペタペタとたたいて、つんつんとさせる。

3

チョコレートパールを飾る。

カラフル
パンケーキ

難易度 ★☆☆

韓国で一世を風靡《ふうび》したレインボーカラーブームはいまだ健在！　虹の定義は、赤・青・黄色・緑・オレンジ・水色・紫の7色ですが、そんなことは気にせず、好きな色で思い思いのレインボースイーツを楽しんでいます。かわいい色で勝負のパンケーキは、市販のホットケーキミックスで手軽に作れるのでぜひチャレンジしてください。

材料　直径7cmのパンケーキ7枚分

ホットケーキミックス…100g
卵…1/2個
牛乳…70mℓ
食用色素（赤、青、黄色、緑、オレンジ、ピンク、紫）…各適量

バター…大さじ1
メープルシロップ…適量

下準備

- バターは室温にもどし、泡立て器で白くなるまでかき混ぜてホイップバターを作る
- ホットプレートにサラダ油（材料外）を薄く塗り、160度に予熱する

ホットプレートなら温度調節もしやすく、まとめて焼けるので便利

- セルクルの内側にサラダ油（材料外）を薄く塗る

作り方

1　ボウルに、ホットケーキミックス、卵、牛乳を入れ、泡立て器でよく混ぜる。

2　1を7等分し、それぞれ色素で着色する。

3　ホットプレートにセルクル（または牛乳パックセルクル、下記参照）を置き、2の生地をそれぞれ流し入れる。

4　ふたをして2分ほど焼き、表面にふつふつと泡が出てきたらセルクルをはずし、裏返してさらに2分焼く。

5　皿に盛り、ホイップバターをのせて、メープルシロップを添える。

1

2

3

4

セルクルがない場合は…

牛乳パックを切って直径7cm、高さ3cmに丸め、ホチキスで留めたもので代用できます。使う前に、内側にサラダ油を薄く塗ります

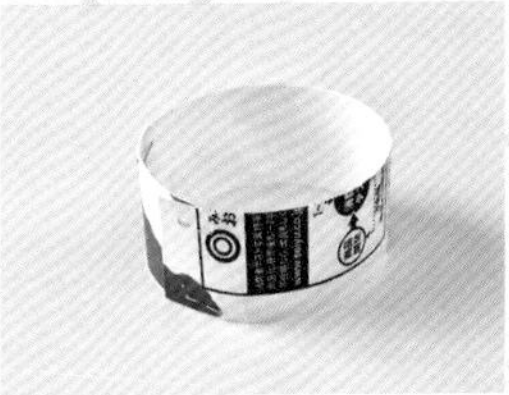

ウエーブトースト

難易度 ★☆☆

世界中で流行中の「トーストアート」の先端を行くのが、このウエーブトースト。まるで絵画のように美しい波模様と個性あふれる色の組み合わせが、食パンの上にひとつの世界を作り上げています。難点は食べるのがもったいないこと。クリームチーズの代わりにギリシャヨーグルトを使うと、さらにヘルシーで塗りやすくなりますよ。

材料　食パン2枚分

山形食パン … 2枚
A　クリームチーズ … 30g

B　クリームチーズ … 30g
└ ブルーベリージャム … 10g

C　クリームチーズ … 30g
└ ラズベリージャム … 10g

D　クリームチーズ … 30g
└ アプリコットジャム … 10g

下準備

- 食パンは好みでトーストする
- クリームチーズは室温にもどす

作り方

1　B〜Dはそれぞれ混ぜる。色が薄く感じるようであれば色素（材料外）を適量加え、好みの濃さにする。

2　AとB、CとDの組み合わせでパンの上に交互に塗る。このとき、スプーンの背でこすりつけるようにして、波のような模様を作る。

味と色の組み合わせを楽しもう！

ミニ食パンやバゲットなどの好みのパンに、好みのジャムやクリーム、スプレッドなどを組み合わせて、自分だけの味と色のトーストを作っても楽しい！ 意外なおいしさを発見できるかも!?

ミニ食パン × あんペースト × バター

バゲット × ピーナッツバター × チョコスプレッド

フルーツ
カンジョン

難易度 ★⯪☆

ごまやくるみなどの木の実を水あめで固めて作る韓国の伝統菓子「カンジョン」が、おしゃれで色鮮やかに変身！　懐かしの「ポン菓子」を使い、水あめのやさしい甘さとドライフルーツの酸味が生きたさっぱりした味わいに仕上げています。ちょっとしたプレゼントにも最適で、色と味の組み合わせを考えるのも楽しいひとときです。

材料　縦13cm×横23cm、深さ2cmのバット1枚分

ポン菓子 … 50g
水あめ … 50g
砂糖 … 30g
A～Cから好みで
- A ドライフルーツ（アプリコット、りんご）… 各適量
  - かぼちゃの種 … 適量
  - かぼちゃパウダー … 小さじ2
- B ドライフルーツ（いちじく、レーズン）… 各適量
  - 抹茶 … 小さじ1
- C ドライフルーツ（オレンジ、キウイ、クランベリー）… 各適量
  - 紫いもパウダー … 小さじ1

下準備

- バットにサラダ油（材料外）を塗り、オーブンシートをぴっちりと敷き詰める

作り方

1　バットにドライフルーツや、かぼちゃの種を並べる。
2　フッ素樹脂加工のフライパンに水あめと砂糖を入れて弱火にかけ、焦がさないように気をつけながら、ゆっくりと混ぜて砂糖を溶かす。
3　パウダーや抹茶を加えてよく混ぜる。
4　ふつふつしてきたら、ポン菓子を一気に入れて手早く混ぜ（a）、1の上にあけ、できるだけ手早く均一にならす（b）。
5　上からオーブンシートをかぶせ、手で体重をかけて押さえつけてのばす（c）。さらに麺棒を転がして表面を均一に整える（d）。
6　そのまま冷ましてオーブンシートをはがし、好みの大きさに切り分ける。

ドライフルーツを手作りする場合
市販品が手軽ですが、手作りも意外と簡単。好みのフルーツを厚さ2～3mmにスライスし、オーブンシートを敷いた天板に並べ、100度のオーブンで2時間前後焼いて乾燥させます（フルーツの水分量によって時間は異なるため、様子を見ながら時間を調整してください）

1

3

4
a

b

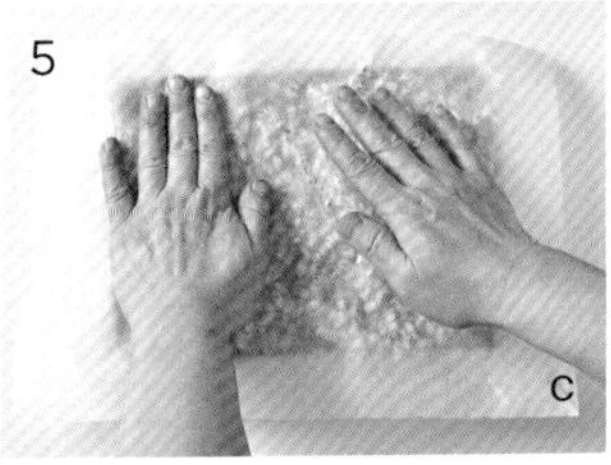
5
c

d

6

ホバクジュク

かぼちゃのおかゆ

難易度 ★☆☆

韓国でおかゆは文化や慣習と密接な関係にあります。例えば「あずきがゆ」を冬至に食べるのは、あずきの赤色に邪気を払ってもらうためだとか。ホバクジュクも元来は宮廷料理で、食事でもあり、薬でもあり、スイーツでもあったそう。栄養豊富でのど越しがよいため、今も胃腸の調子が悪いとき、産後の回復時などによく食べられています。

材料　深めのお椀２杯分

かぼちゃ … 1/4個（約400g）
もち粉 … 20g
はちみつ … 小さじ2
塩 … 小さじ1/2
水 … 1と1/2カップ
飾り用の松の実、エディブルフラワー … 各適量

下準備

- かぼちゃのワタと種は取り除く

作り方

1. かぼちゃは皮をむき、ひと口大に切って耐熱容器に広げて入れ、電子レンジでやわらかくなるまで８分ほど加熱する。
2. 鍋に移し、お玉の底でつぶしながら（a）、水を少しずつ加えてのばす（b）。
※なめらかな口当たりにしたい場合は、フードプロセッサーで攪拌する
3. 弱火にかけて10分ほど煮たら、もち粉を加えて手早く混ぜる。
4. はちみつと塩で味を調える。
5. 器に盛り、松の実とエディブルフラワーを飾る。

エディブルフラワー
食べられる花（食用花）のこと。料理やお菓子に飾ると華やかになり、韓国でも流行中です。必ず専用商品を使い、野花は用いないでください

1

2

a

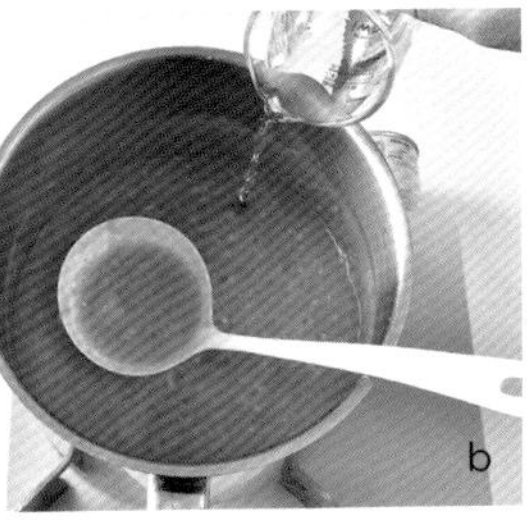

b

3

もち粉は熱ですぐに固まり、だまになりやすいので、鍋に入れたらすぐに混ぜること

4

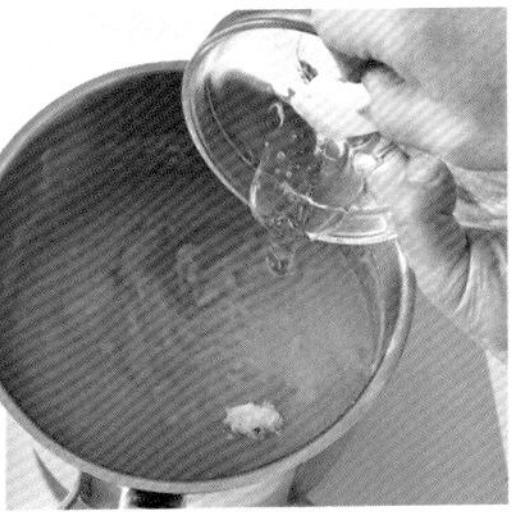

ダンゴエクレア

難易度 ★★★

おだんご串のように、3つ並んだプチシューがとてもキュート。韓国でエクレア人気は高く専門店も多く誕生しています。最近はちょっぴり昔風や韓国モチーフを施したデコレーションが増えているのだとか。それでもヨーロッパのお菓子屋さんにあるシンプルで小ぶりのものとは違い、大きく・たっぷり・そして派手なデコが基本です。

材料

長さ12cmのもの16本分

〈クッキー生地〉
バター … 30g
粉砂糖 … 30g
薄力粉 … 30g

〈シュー生地〉
バター … 40g
卵 … 2〜3個
薄力粉 … 50g
水 … 80mℓ
塩 … ひとつまみ

〈クリーム〉
生クリーム … 1/2カップ
砂糖 … 10g
基本のカスタードクリーム（p.35参照）… 全量
ラム酒 … 小さじ1

飾り用の粉砂糖 … 適量

下準備

- コルネ（p.8参照）を用意する
- クッキー生地用のバターは1cm角に切り、使うまで冷やしておく。シュー生地用のバターは5mm角に切り、室温にもどす
- 卵は室温にもどし、溶きほぐす
- 薄力粉はふるう
- 絞り袋に口金（直径6mmの丸型を使用）をセットする
- オーブンは200度に予熱する
- カスタードクリームはよく冷やしておく
- 天板にアルミホイルを敷き、ペーパータオルでサラダ油（材料外）を薄く塗る。さらに、強力粉（材料外）をつけた直径2cmの丸型で等間隔に3個並べて印をつけ、ガイドを作る（a）
- ラップに打ち粉（強力粉・材料外）を振ったものを2枚用意する（b）

作り方

〈クッキー生地〉

1　フードプロセッサーに、クッキー生地の材料をすべて入れ攪拌する。ひとまとまりになったらラップで包み、冷蔵庫で1時間ほど冷やす。

2　1を打ち粉を振ったラップではさみ、麺棒で厚さ2mmにのばし、再び冷蔵庫で1時間ほど冷やす。

3　直径2cmの丸型で48枚分抜き（c）、乾かないようにラップをかけて使うまで冷蔵庫に入れておく（d）。

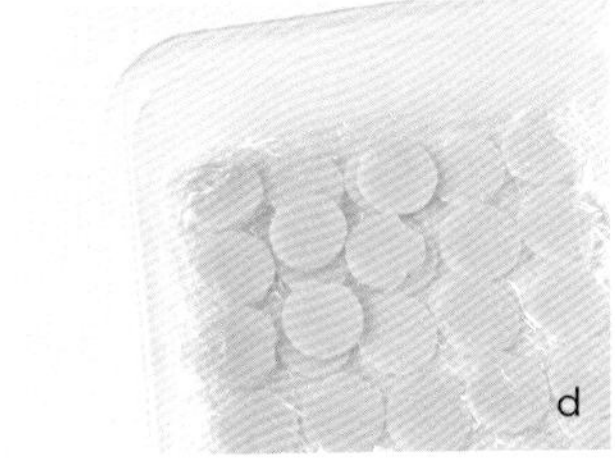

〈シュー生地〉

4　鍋にバター、水、塩を入れ、中火にかける。バターが溶けてふつふつとしてきたら火を止め、薄力粉を一気に加え、泡立て器でよく混ぜる。

5　4を再び弱火にかけ、ゴムべらで混ぜる。1分ほどして、鍋底に膜が張ってきたらボウルに移す。

6　卵液を少しずつ加え、その都度ゴムべらでよく混ぜる。ゴムべらを持ち上げて生地を落とすと、薄い三角の膜を作って落ちるかたさになるまで卵液を加える。

7　生地が温かいうちに絞り袋に詰め、ガイドに沿って天板に直径3cmの丸を3つ並べて絞り出し(e)、上にクッキー生地をのせる(f)。

8　200度のオーブンで10～12分焼き、ふくらんできたら温度を160度に下げ、さらに20分ほど焼く。焼けたらアルミホイルをはがし、網の上で冷ます。残りの生地も同様に焼く。

〈仕上げる〉

9　ボウルに生クリームと砂糖を入れ、ボウルの底を氷水に当てながら八分立てにする。カスタードクリームとラム酒を加え、軽く混ぜ合わせたら(混ぜすぎないよう注意)、それぞれの口金をセットした絞り袋に詰める。

の仕上げ方

クリームをはさむ

シュー皮を半分の厚みに切り、下側のシュー皮にクリームをまん丸に3個絞り出す(口金は直径10mmの丸金を使用)。

粉砂糖を振る

上側のシュー皮をかぶせ、飾り用の粉砂糖を茶こしなどで振る。

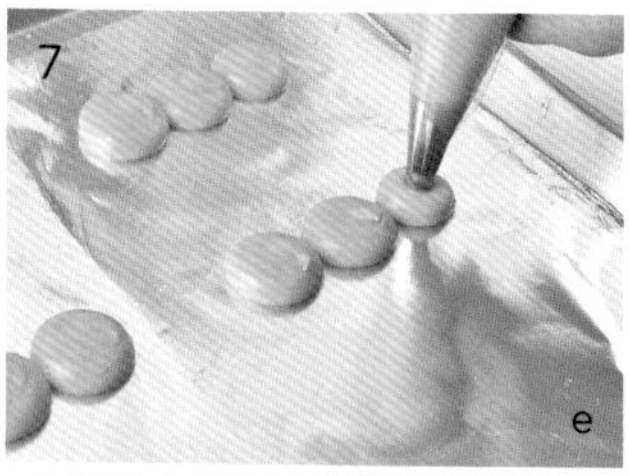

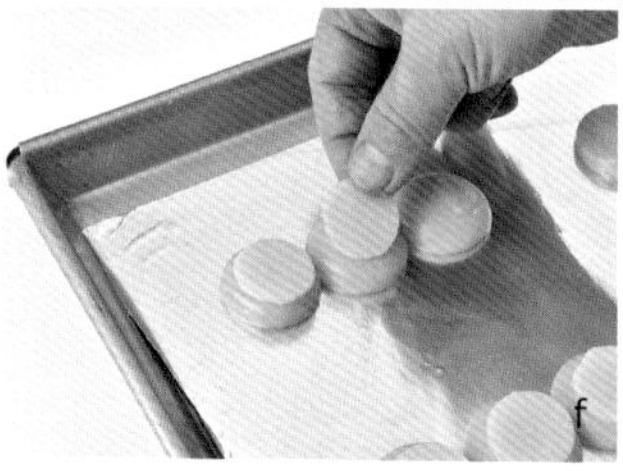

焼き上がりは
こんな感じ

※焼いたシュー皮は、冷凍保存袋に入れて2週間程度冷凍保存できます。使うときは凍ったままオーブントースターで1分ほど加熱すれば、焼きたての風味がもどります

の仕上げ方

フラワーアイシングを作る

※乾かすのに時間がかかるので、前日までに作っておくとよい

材料

卵白 … 1/2個分（17g）
粉砂糖 … 100g

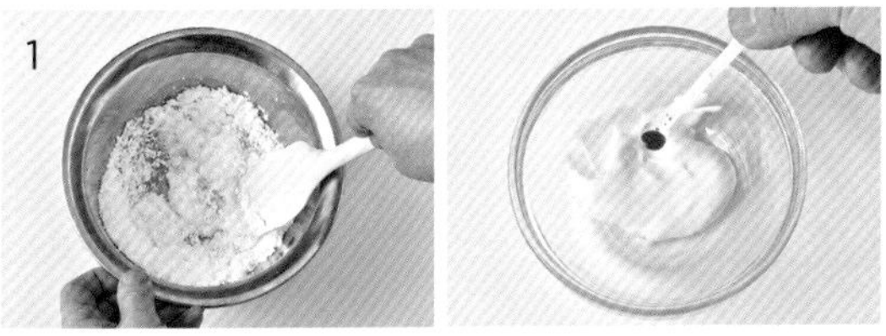

1

ボウルに卵白と粉砂糖を入れ、ゴムべらでなめらかになるまで練り混ぜる。半量ずつに分け、片方は黄色の色素で色をつける。

2

直径3㎜の丸型口金をつけた絞り袋に白のアイシングを、コルネ（p.8参照）に黄色のアイシングをそれぞれ詰める。オーブンシートを敷いたバッドの裏側などに、白のアイシングでしずく状に中心に向かって6枚の花びらを絞り出す。絞ってみてやわらかいと感じたら粉砂糖を足し、かたいと感じたら水を1滴ずつたらしてかたさを調整する。

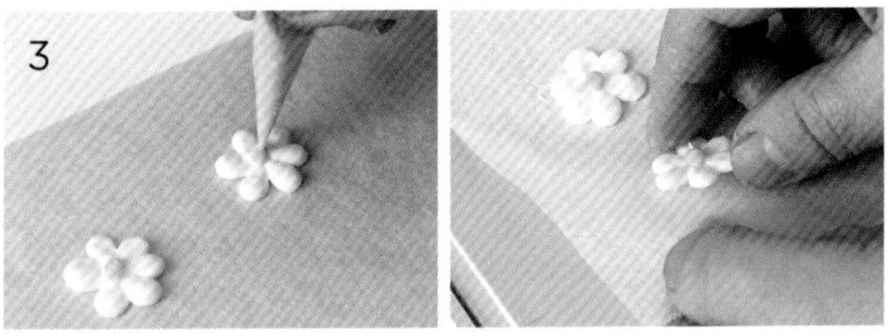

3

黄色のアイシングで花びらの真ん中に小さく花芯を絞り、数時間〜一晩そのままおいて乾かす。ペーパーからきれいにはがれたらでき上がり。残った黄色いアイシングは飾り用（右記参照）に取っておき、冷蔵庫で保存する。

クリームを詰める

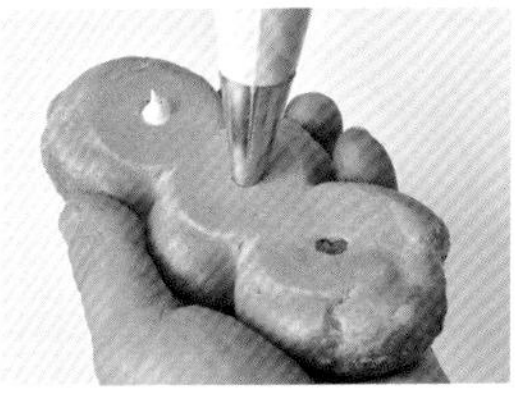

シューの底に箸などでそれぞれ小さな穴をあけ、口金を差し込んでクリームを絞り入れる（口金は直径6㎜の丸形を使用）。

アイシングで飾る

黄色のアイシングで、シュー皮の上に細い線を描くように絞り出す。乾かないうちに、フラワーアイシングをのせる。

タンフル

あめがけフルーツ

難易度 ★☆☆

昔からありますが、実は人気が出たのはここ数年という屋台発の街角スイーツ・フルーツあめ。口の中であめがパリパリッと割れる音と飛び出す果汁がたまりません。ただし、フルーツの水分であめが溶けやすいので、作りたてを食べるのに限ります。

材料　長さ15cmの竹串3本分

いちご … 3粒
みかん … 5房
ぶどう … 5粒

砂糖 … 200g
水 … 50mℓ

下準備

- 長さ15cmの竹串を3本用意する
- いちごは洗ってへたを手でちぎり取り、水けをしっかり拭き取る
- みかんは皮をむいて房に分ける

作り方

1　フルーツはそれぞれ、竹串に刺す。

2　深めの耐熱マグカップに砂糖と水を入れ、電子レンジで8分加熱する。150度になるまで10秒ずつ温度を測りながら加熱する。

3　2に1を差し入れて、まんべんなくからませる。

4　余分なあめを落とし、オーブンシートの上にのせて粗熱を取る。

3

砂糖が溶け、うっすらと黄色くなればOK。熱いのでやけどには気をつけて

PART4

COOL

ひんやりスイーツ

韓国のカフェでも冷たいスイーツは
季節を問わず大人気。
あの味とあのボリュームを再現して、
おうち時間を最高においしく、楽しくしましょう。

フルーツ
タワーパフェ

難易度 ★✫☆

そびえ立つような迫力に、世界中が度肝を抜かれたフルーツパフェ。韓国ではカップルや友人間でスイーツをシェアすることも珍しくなく、それを見越して大きく作っているとか。1人で食べる場合は、カップのサイズを小さくするといいでしょう。とにかく、食べても食べても尽きないフルーツに幸せ度200％！

ベリータワーパフェ　　バナナタワーパフェ

ベリータワーパフェ

材料

口径9.5cm、高さ11cmのプラスチックカップ1個分

いちご … 約150g
ブルーベリー … 20粒
ラズベリー、ブラックベリー … 各10粒
生クリーム … 1/2カップ
砂糖 … 10g
グラノーラ … 100g
プレーンヨーグルト（無糖）… 70g
いちごジャム … 大さじ1

下準備

- 絞り袋に口金（直径15mmの星型を使用）をセットする

作り方

1 ボウルに生クリームと砂糖を入れ、ボウルの底を氷水に当てながら八分立てにする。

2 いちごは洗って水分を拭き取る。飾り用に1個を取り分け、残りはへたを取り、縦半分に切る。

3 カップの底にグラノーラの半量を敷き詰め、ヨーグルト、いちごジャム、残りのグラノーラの順に重ねる。

4 カップの側面にいちごを貼りつけ、すき間をブルーベリーで埋める。

5 絞り袋に1を詰めて中央に絞り入れ、カップのふちまできたらソフトクリーム状に高く絞る。クリームのまわりに残りのベリーをすき間なく積み上げ、一番上に飾り用のいちごをのせる。

バナナタワーパフェ

材料

口径9.5cm、高さ11cmのプラスチックカップ1個分

バナナ … 4本
キャラメルソース
　砂糖 … 50g
　水 … 大さじ1
　生クリーム … 大さじ4
生クリーム … 1/2カップ
砂糖 … 10g
麦ポン菓子（またはコーンフレーク）… 15g
飾り用
　ミックスナッツ（塩分不使用のローストタイプ）… 適量
　チョコがけスティック … 2本

下準備

- 絞り袋に口金（直径15mmの星型を使用）をセットする
- ミックスナッツは粗く刻む

作り方

1 キャラメルソースを作る。小鍋に砂糖と水を入れて弱火にかけ（a）、キャラメル色に焦げてきたら生クリームを加えて（b）混ぜる。火を止め、粗熱を取ったあと冷蔵庫で冷やす。

2 バナナは2本を斜めにスライスし、もう2本を厚さ2cmの輪切りにする。

3 ボウルに生クリームと砂糖を入れ、ボウルの底を氷水に当てながら八分立てにする。

4 カップに、麦ポン菓子の半量、キャラメルソース、残りの麦ポン菓子を順に入れ、輪切りにしたバナナを側面に貼りつける。

5 絞り袋に3を詰めて4の中央に絞り入れ、さらに輪切りにしたバナナをカップの側面に貼りつけ、生クリームをソフトクリーム状に高く絞る。斜め切りにしたバナナを貼りつけ、キャラメルソースをかけ、ナッツ、チョコがけスティックを飾る。

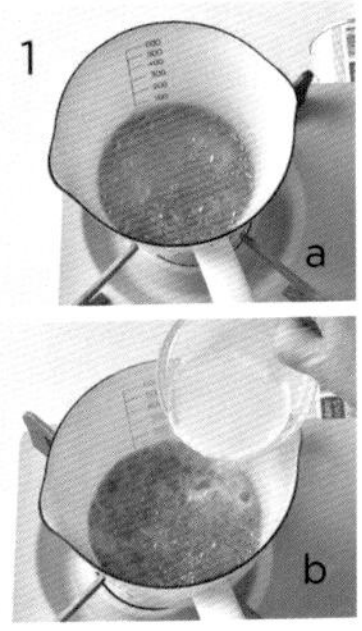

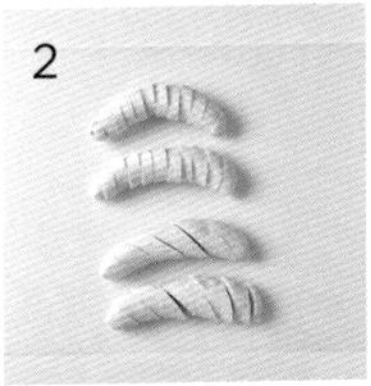

デココーン カップアイス

難易度 ★☆☆

主役はアイスクリームではなくコーンカップ！　チョコレートを接着剤にして好きなお菓子や飾りを好きなだけデコレーションしたカップは、映え度もかなりのもの。乾燥剤を入れた密封容器で2〜3か月程度保存できるので、作り置きもできます。

材料　2個分

アイスクリームコーン … 2個

A チョコミントアイスクリーム … 適量
- コーティング用チョコレート（ホワイト） … 50g
- インスタントコーヒー（粒子の細かいもの） … 小さじ1/2
- チョコクッキー（細かく砕く）、コーヒービーンチョコ、プレッツェル菓子（すべて市販） … 各適量

B バニラアイスクリーム … 適量
- コーティング用チョコレート（ホワイト） … 50g
- ミニサイズのモレンクッキー（p.13参照）、シュガースプリンクル … 各適量

作り方

1　コーティング用チョコレートはそれぞれ60度の湯せんにかけて溶かし（Aはインスタントコーヒーを振り入れて軽く混ぜる）、コーンの口の部分から1/3の面積をディップする。

2　チョコが固まらないうちに、Aは口の部分に砕いたチョコクッキーをまぶし(a)、残りのディップ部分にコーヒービーンチョコ、プレッツェル菓子を貼りつける(b)。Bは口の部分にシュガースプリンクルをまぶし、残りのディップ部分にモレンクッキーを貼りつける。

3　チョコが固まったら、それぞれにアイスクリームをのせる。

きなこのパッピンス

きなこのかき氷　難易度 ★☆☆

この10年ほどで、驚くべき進化を遂げたのが韓国のかき氷・パッピンス。夏の風物詩から、年中楽しめるスイーツになりました。氷を隠すように盛りだくさんのトッピングを施すのも韓国流。辛い料理のあとのクールダウンにもピッタリです。

材料　1皿分

氷 … 適量
あんこ（市販）
　… アイスクリームディッシャー1杯分
きなこ … 大さじ3
求肥（市販）… 12個くらい
アーモンド（塩分不使用のローストタイプ）
　… 10粒
練乳 … 適量（好みで）

作り方

1　かき氷器に氷を入れ、器に氷をこんもりと削り落とす。

2　茶こしにきなこを入れ、氷の上にまんべんなく振りかける。

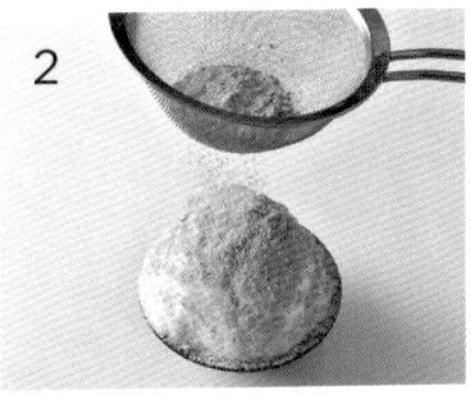

3　アイスクリームディッシャーであんこをすくってのせ、求肥とアーモンドを飾る。好みで練乳をかける。

フラワー ゼリーボール

難易度 ★⯪☆

ソウルの有名カフェが発祥で、多くの人が「最高にフォトジェニック」なでき栄えを目指し、再現に夢中になりました。ゼリーとムースの２層からなり、エディブルフラワー（食べられるお花）が一面にちりばめられたさまは、まるで宝石箱のよう。白ワイン風味のゼリーが味と食感ともにアクセントになり、大人のスイーツらしさを演出します。

材料　直径7㎝の球形２個分

〈ゼリー〉
- 粉ゼラチン … 6g
- 白ワイン … 大さじ1
- 水 … 1カップ
- レモン汁 … 大さじ1と1/2
- 砂糖 … 100g

〈ムース〉
- 粉ゼラチン … 4g
- 水 … 大さじ1
- プレーンヨーグルト（無糖）… 80g
- 冷凍ラズベリー … 40g
- 砂糖 … 30g
- 生クリーム … 80㎖
- キルシュ … 小さじ1

〈ソース〉
- 冷凍ラズベリー … 50g
- 砂糖 … 30g

エディブルフラワー … 約30輪

下準備

- 半球型4つにサラダ油(材料外)を薄く塗り、エディブルフラワーを貼りつける(a)
- ソースを作る。ラズベリーは解凍して裏ごしし(b)、砂糖を加えて混ぜる

型は製菓材料店や雑貨店で手に入ります。今回は見やすいように透明の型で撮影しています

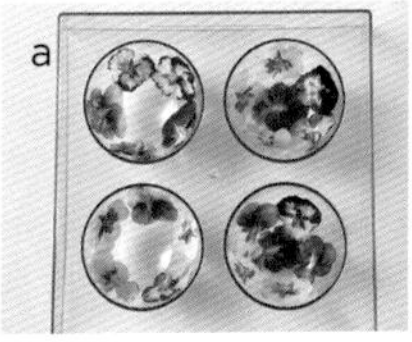

a

b

作り方

〈ゼリー〉

1　白ワインにゼラチンを振り入れてふやかす。

2　鍋に水、レモン汁、砂糖を入れて中火にかけ、砂糖が溶けたら1を加えて混ぜる。ゼラチンが溶けたら、鍋の底を氷水に当てながら冷やす。

3　とろみがついたら2つの型に八分目くらいまで流し入れ、冷蔵庫で1〜2時間ほど冷やし固める。残ったゼリー液はバットに流し、冷蔵庫に使うまで入れておく。

〈ムース〉

4　水にゼラチンを振り入れてふやかし、電子レンジで10秒ほど加熱して溶かす。

5　ヨーグルト、ラズベリー、砂糖をフードプロセッサーにかけ、なめらかになるまで攪拌する。4を加えて軽く混ぜる。

6　ボウルに生クリームを入れ、ボウルの底を氷水に当てながら六分立てにする。

7　5と6を合わせ、キルシュを加えて混ぜる。

8　3の型に入ったゼリーの上に、7のムース液を型の口いっぱいまで流し入れる。残りの型にも流し入れ、冷蔵庫で6時間ほど冷やし固める。

〈仕上げ〉

9　バットに固めたゼリーをスプーンで砕き、皿に盛りつける。

10　8を型からはずし、ゼリーありとなしを組み合わせて球形にし、ゼリーを上にして9にのせる。別の容器に入れたソースを添える。

2

3

5

7

8

10

プレゼントのアイデア

作って、撮って、食べて楽しむだけでなく、「贈る」喜びも味わえるのが韓国カフェスイーツ。
相手が驚いたり喜んだりする顔を想像すると、こちらまでハッピーに！
飾っておくだけでも絵になる、現地でも人気のラッピング法をご紹介します。

A

B

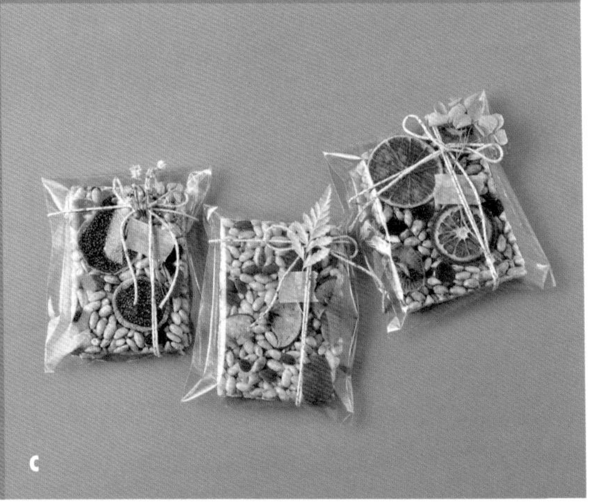

C

A モレンクッキーはブーケ風に

アイスクリーム用のコーンカップに詰め、花束に見立てて透明セロファンでラッピング。口をしっかり留め、リボンで結びます。乾燥剤を忍ばせておくのを忘れずに

B トシラクケーキは布で包んで

光沢感のある布で包むと、お祝い事にも使えるよそいき風に。天地の区別がつくよう、結び目を上にするなどの工夫を

C フルーツカンジョンは中身を強調

フルーツの美しい断面を主役にするため、透明なセロファンや袋で包み、細いひもを結びます。ミニドライフラワーを添えてナチュラルな雰囲気に

PART5

DRINK

ドリンク

韓国の街は今、まさにカフェ天国。
ここからたくさんの流行ドリンクが生まれています。
最新ヒットから定番まで、
愛されドリンクを集めました。

タルゴナコピ＆ミルクティー

難易度 ★☆☆

マカオのローカルカフェメニューだった「手打ち珈琲」が、K-POPアーティストのSNSをきっかけに韓国で大ブレイク。インスタントコーヒーを泡立てたクリームを絞るなど、より映えるドリンクへと進化しました。ミルクティーに砕いてのせたタルゴナは日本でいう「カルメ焼き」で、香ばしい香りとほろ苦さが懐かしさを誘います。

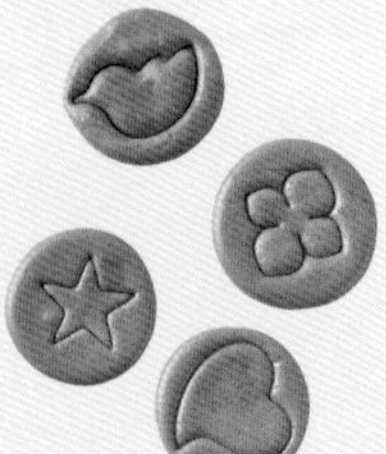

タルゴナ菓子

材料 直径7〜8cmの円形1枚分

砂糖 … 大さじ1
重曹 … ひとつまみ

※お玉に砂糖を入れ、ガスコンロの弱火に直接かける。砂糖が溶け始めたら、菜箸でかき混ぜる。

→

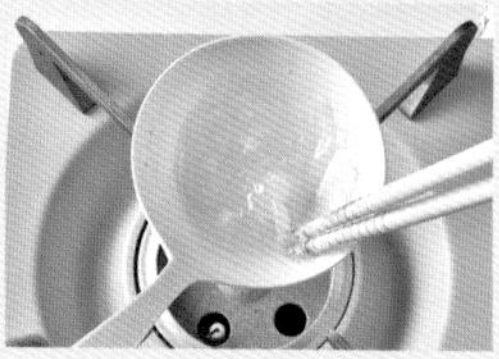

まわりが色づいてきたら火から離し、絶えず菜箸でかき混ぜながら、焦げないようにゆっくりと砂糖を溶かす。

タルゴナコピ

材料　グラス２杯分

A インスタントコーヒー、
砂糖、熱湯 … 各大さじ２
牛乳 … ２カップ
氷 … 適量

下準備

- 絞り袋に口金(バラ104を使用)をセットする

作り方

1　耐熱グラスにAを入れ、ハンドミキサー(羽根は1本だけつける)で角がピンとが立つまで泡立てる。

2　グラスに氷を入れ、冷やした牛乳を注ぐ。

3　2に1のクリームをグラスのふちまでのせ、残りを絞り袋に詰めて上からバラの花(p.50参照)をそっと絞り出す。

1

3

タルゴナミルクティー

材料　グラス２杯分

アッサム、ニルギリなどの
ティーバッグ … ４個
牛乳 … 1と1/2カップ
水 … 1/2カップ
氷 … 適量
タルゴナ菓子(下記参照) … 適量

下準備

- タルゴナ菓子は、手で適当な大きさに砕く(a)

a

作り方

1　小鍋に水とティーバッグを入れて弱火にかけ、２分ほど煮出す。

2　牛乳を加え、沸騰したら火を止める。ふたをして３分ほどおいたらティーバッグを取り出す。

3　グラスに氷を入れ、２を注ぐ。上に砕いたタルゴナ菓子をのせる。

2

3

→

砂糖が完全に溶けて薄いべっこう色になったら重曹を加え、菜箸で手早くかき混ぜる。

→

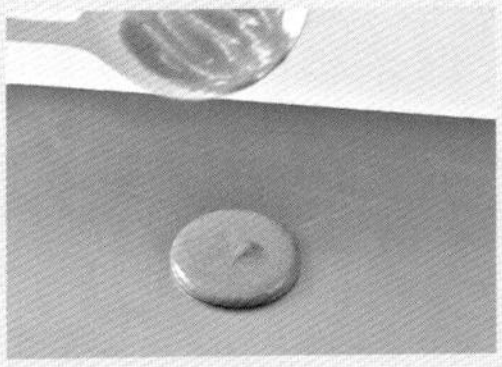

全体がふくらんできたら、※バットの上に円形に広げて固める。

※お玉、バットともに、ステンレス製は焦げつきやすく、跡が残りやすいので避け、アルミ素材のものを使うこと

模様をつける場合

生地をアルミバットに流したらすぐに別のアルミバットの底の部分を使ってゆっくり押さえ、シンプルな柄のクッキー型を押しつける

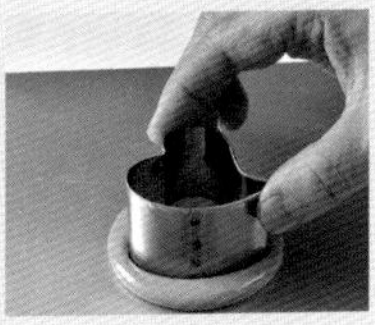

キュルラテ＆コグマラテ

みかんラテ＆
さつまいもラテ　難易度★☆☆

寒さ厳しい韓国の冬は、あったかくて甘く、体にもいい飲みものが欠かせません。ビタミンC豊富なキュル＝みかん、食物繊維たっぷりのコグマ＝さつまいもをそれぞれラテにしました。オレンジ色と白の２層に分かれたみかんラテは、韓国では「牛乳に落ちたみかん」と呼ばれているそうです。どちらも氷を加えてアイスにしてもおいしくいただけます。

キュルラテ

材料　カップ1杯分

みかん（缶詰）… 50g
砂糖 … 小さじ1
牛乳 … 1/2カップ
ドライみかん（輪切り）… 1枚

作り方

1　マグカップやグラスに、軽く汁けをきったみかんと砂糖を入れ、フォークで軽くつぶす。

2　別のマグカップに牛乳を入れ、電子レンジで1分50秒ほど温め、ミルクフォーマーでよく泡立てる。

3　1に2をそっと注ぎ、ドライみかんを浮かべる。飲むときはよくかき混ぜながら。

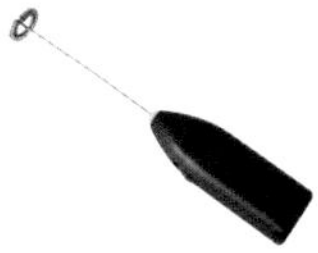

牛乳できめ細かなふわふわの泡を作るには、ミルクフォーマーがあると便利

1

3

コグマラテ

材料　カップ2杯分

さつまいも … 150g
牛乳 … 1カップ〜1と1/4カップ
はちみつ … 大さじ2
シナモンパウダー … 少々
シナモンスティック … 2本

作り方

1　さつまいもは皮をむいて小さく切り、電子レンジで6分ほど加熱する（指で押しつぶせるくらいのやわらかさが目安）。

2　1、牛乳、はちみつをミキサーに入れ、なめらかになるまで攪拌する（牛乳の量を調整し、好みの濃度にする）。

3　小鍋に移して弱火にかけ、軽く温める。

4　カップに注ぎ、シナモンパウダーを振り、シナモンスティックを添える。

1

2

エイド

フルーツスカッシュ

難易度 ★☆☆

韓国発の次世代ドリンクとの呼び声も高い「エイド」。フルーツ漬けシロップを炭酸水で割り、果肉とともにいただきます。さわやかな飲み心地にビタミンも豊富でヘルシー、何よりカラフルでフォトジェニックなところがブレイクの理由のよう。

材料 作りやすい分量

A りんご(4等分にして芯を取り、
　厚さ5㎜のいちょう切りにする)…1個

B キウイ(皮をむいて縦に8等分する)…2個(約200g)

C 冷凍ベリーミックス…200g

砂糖…200g

レモン(薄い輪切りにする)…1個

レモン汁…1個分

氷、炭酸水、好みの生フルーツ(食べやすい大きさに切る)、
好みのハーブ(ミント、タイムなど)…各適量

びんに入れたエイドのもとは冷蔵庫で1週間程度保存可能。プレゼントにもおすすめです

下準備

- ふたつきのガラスびんを用意し、煮沸消毒する

作り方

1 びんにAまたはBまたはC、砂糖、レモンの輪切りを交互に入れ、レモン汁を加えてふたをする。

2 ときどき上下を返しながら冷蔵庫で1日おく。

3 氷を入れたグラスに2を適量入れ、炭酸水を注ぎ、フルーツとハーブを飾る。

ミンチョシェイク

チョコミントシェイク

難易度 ★☆☆

爽快感あふれるミントと甘いチョコレートの組み合わせは「ミンチョ」と呼ばれ、韓国では空前の大ブーム中。なんと歌までできたほどで、「あなたはミンチョ派？ それとも？」と、あいさつ代わりに質問するほどの盛り上がりだそうです。

材料 グラス1杯分

A バニラアイスクリーム … 150g
　牛乳 … 1/2カップ
　ミントシロップ … 大さじ1

チョコレート … 30g

B 生クリーム … 80㎖
　ミントシロップ … 大さじ1

飾り用
　チョコレートシロップ(市販) … 適量
　ミントの葉 … 適量

下準備

- ミキサーのグラスは冷蔵庫で冷やしておく
- チョコレートは細かく刻む
- 絞り袋に口金(直径15㎜の星型を使用)をセットする

作り方

1 ミキサーにAを入れ、なめらかになるまで攪拌する。

2 チョコレートを加え、ゴムべらで軽く混ぜる。
※最初に入れてしまうと色が悪くなるので注意

3 ボウルにBを入れ、ボウルの底を氷水に当てながら八分立てにする。

4 グラスに2を入れ、3を絞り袋に詰めて絞り出す。仕上げにチョコレートシロップをかけ、ミントの葉を飾る。

福本美樹　ふくもと・みき
MIKI FUKUMOTO

ペイストリーシェフ。スイーツデザインスタジオ「MAPRIL（メイプリル）」主宰。洋菓子研究家・加藤千恵氏に師事。「anniversary」等、都内洋菓子店勤務を経て、2002年渡米。米シカゴWilton本校にて数種類のディプロマ取得。ロサンゼルスなど米国各地でベーカリー、ペイストリーショップでの店舗立ち上げ、商品開発、技術指導に当たる。2008年帰国。2011年、「MAPRIL」を設立。雑誌、CM、イベントなどのオーダーメイドスイーツを手がけている。その美しいスイーツの世界は多くの人を魅了している。世界各国のスイーツにも精通し、近年はとくに韓国スイーツに注目。近著に『白あんでつくる あんの花が咲くお菓子』（日東書院本社）。インスタグラム　@mapril_sweets

STAFF

撮影　村尾香織
デザイン　高橋朱里、菅谷真理子（マルサンカク）
スタイリング　梶本美代子
企画・編集　高城直子
調理アシスタント　宮川淳子
校正　安久都淳子
DTP制作　天龍社

協力
キユーピータマゴ株式会社　https://www.kewpie-egg.co.jp
cotta（コッタ）　https://www.cotta.jp/
株式会社サンヨー堂　http://www.sunyo-do.co.jp
KUKKU（クック）　https://www.inic-market.com/f/kukku
UTUWA　03-6447-0070
尹惠貞（ユン・ヘジョン）さん
崔希朱（チェ・ヒジュ）さん

はじめまして韓国カフェスイーツ

2021年6月20日　第1版発行

著　者　福本美樹
発行者　関口 聡
発行所　一般社団法人 家の光協会
〒162-8448　東京都新宿区市谷船河原町11
電話　03-3266-9029（販売）
03-3266-9028（編集）
振替　00150-1-4724
印刷・製本　図書印刷株式会社

乱丁・落丁本はお取り替えいたします。
定価はカバーに表示してあります。

ISBN 978-4-259-56693-7 C0077